Harmonium,
une histoire à raconter

Yves LaDouceur

Harmonium,
une histoire à raconter

BIOGRAPHIE ARTISTIQUE

Éditions 12e Art

12e Art Inc.

Éditions 12e Art Inc.
C.P. 121 Prévost (Québec) Canada J0R 1T0

http://pages.infinit.net/le12eart
12eart@videotron.ca

ISBN : 2-922838-00-5
Dépôt légal – Bibliothèque nationale du Québec, 2000

Ce livre est dédié à ma fille Pastelle.

Gagner ma vie, sans sortir la musique de ma vie...

Première Partie

1

Gagner ma vie, sans sortir la musique de ma vie...

Au début de ma cinquième année dans la radio, à l'été 1972, j'en étais déjà à une dizaine de stations. À 23 ans, tel un oiseau migrateur, je déménageais immanquablement après 6 mois: une autre ville, une autre station de radio, une autre maison de chambre et pension, d'autres chansons...

Je traînais une petite valise de voyage, bariolée des lettres d'identification des stations de radio pour lesquelles j'avais travaillé. Bientôt, plus d'espace pour y inscrire quoi que ce soit. Pas les moyens de m'acheter une autre valise. Je cherchais un signe de la vie qui m'indiquerait la direction à suivre.

« La radio mène à tout, pourvu qu'on en sorte! » Ma guitare me suivait partout. En soirée, je m'enregistrais dans le studio de production inoccupé. J'interprétais les chansons que je composais, d'une ville à l'autre, *« on the road »*... La musique, l'écriture et la radio étaient mes soupapes d'échappement : un exutoire m'empêchant de capoter. Elles étaient une partie importante de ma vie, une bouée de sauvetage aussi.

J'avais choisi la radio surtout parce que la musique en faisait partie. J'aimais lire et écrire et j'avais besoin de communiquer. Mais j'étais d'abord et avant tout un musicien, un créateur. J'avais étudié le piano (heureuse initiative de mes parents) dès l'âge de 7 ans.

Au collège, j'étais membre d'un orchestre de 65 musiciens une *"grosse fanfare"*, comme disaient les gens à l'époque. Je jouais de la trompette, j'étudiais la musique, les rythmes, la lecture à vue. L'été, nous faisions des spectacles en plein air et dans les arénas du Québec. Nous participions aussi à des compétitions avec d'autres *corps* de musique, tous composés eux aussi de cadets de l'air. Je désirais devenir pilote d'avion de chasse, mais suite à un séjour au Collège militaire Royal de Saint-Jean, je refusai de sauter en parachute – je souffrais de vertige – ma carrière de pilote de chasse allait s'arrêter illico.

Un soir, dans l'autobus jaune du *corps* de musique qui nous ramenait de Montréal, où nous avions gagné la ***Canne à pommeau d'or*** [1] lors d'une compétition militaire, un membre de l'orchestre sortit de son sac un petit appareil transistorisé tonitruant et nous cria d'écouter une chanson qui me fit abandonner la trompette pour acheter une guitare: les fameux ***Beatles*** étaient arrivés, ils chantaient ***« She Loves You***

---

[1] *Pour le meilleur corps de musique de l'Est du Canada. Compétition s'étant tenue aux « Hussards » près du Mont Royal.*

12

Yeah Yeah Yeah » et leur musique allait changer ma vie. J'achetai leur premier album pour cinq dollars, mon salaire pour toute une journée de travail de fin de semaine dans un lave-auto, totalement convaincu qu'il me fallait apprendre la guitare et former un groupe.

Un an plus tard, *Les Révoltés* jouaient dans une salle de danse où se réunissaient plus de mille jeunes pour nous écouter et danser. Notre répertoire était totalement anglophone et composé des succès des *Beatles, Rolling Stones, Animals, Zombies, Hollies et Yardbirds*. C'était *l'Invasion britannique*.

Puisque les *"concours d'orchestres"* étaient très populaires et répandus, notre groupe se présenta à *Brownsburg*. Le prix était alléchant : un contrat d'enregistrement que nous nous méritâmes avec **Capitol Records**, certainement l'étiquette de disques la plus *hot* de l'époque, puisqu'elle publiait la musique des *Beatles* et des groupes les plus populaires. Nous enregistrâmes notre premier disque 45 tours au **Studio Stéréo Sound** [2] sur la Côte des Neiges à Montréal. Le promoteur du concours, *Tony Roman*, nous assigna un producteur noir américain venu spécialement de New York : *Alfie Wade Jr.* Très impressionnant, il avait le crâne rasé à la « *Isaac Hayes* », il portait de longues bottes de cuir noir, des pantalons ajustés en daim beige et un veston anglais en velours noir. Il martelait

---

[2] *L'enregistrement stéréophonique était encore nouveau au Québec, et ce studio nous semblait alors être à la fine pointe de la technologie à 4 pistes ! ! !*

constamment le plancher du studio au rythme de notre musique, en se tapant la cuisse droite. Bien avant l'arrivée de *Clint Eastwood*, notre producteur fumait de longs cigares fins et allongés. Debout au centre du studio, son style original, sa stature, la couleur de sa peau et son accent du Bronx étaient pour nous une source d'excitation et de motivation.

Notre premier disque fut enregistré sous le nom *Les Démonaires*, une condition posée par la compagnie de disques. Popularisée par *Del Shannon* et aussi par les *Rolling Stones*, la chanson « *Under my thumb* » devenait « *Elle m'appartient* », alors que la face « *b* », était la version d'un succès américain (« *96 tears* » *du groupe The Question Marks*). Notre premier disque se classa dans les 20 positions des palmarès des radios du Québec et nous conduisit à notre première tournée provinciale. C'était suffisant pour que *Capitol* nous en demande un deuxième. C'est à ce moment-là que notre groupe se sépara en deux clans, *Réjean Ruel* [3] et moi, affirmant que nous devions composer des chansons originales, et les trois autres membres qui préféraient les versions, comme la maison de disques le souhaitait.

Parallèlement, j'avais cessé d'étudier le journalisme après un an et je m'étais inscrit à l'*Académie nationale des annonceurs*, à Montréal, où j'apprenais la radio tous les samedis. Il devenait difficile de répéter trois

---

[3] *J'allais revoir Réjean des années plus tard (1979) et produire un album avec lui (Sam JAM).*

soirs par semaine, faire des tournées, jouer de la musique du vendredi au dimanche soir dans les salles de danse et faire des études. Je croyais aussi qu'il était temps que notre groupe fasse des compositions originales en français sans me soucier des contraintes et exigences des gens de l'industrie.

Je quittai le groupe qui continua sous le nom du *25e Régiment*. Mes amis connurent un succès qui se classa en première position des palmarès pendant que je décrochais mon premier job à la radio de Saint-Jérôme (*CKJL*) appartenant à M. *Jean Lalonde* (oui, le père de Pierre), surnommé le *Don Juan de la chanson,* qui me donna ma première chance. C'est ainsi que je me retrouvai sur les ondes à présenter le disque de mes copains du groupe. Je commençais enfin à gagner ma vie sans sortir la musique de ma vie.

Mais j'apprendrai durement que dans l'industrie de la musique, il faut avoir plus qu'un seul parachute… Il faut parfois serrer les dents, faire son temps, pousser la porte d'un café, s'asseoir à la table de la destinée, là où les noms ne font que changer…

Sans m'en douter, le destin s'accomplissait, car la vie m'avait préparé à l'arrivée de Serge Fiori et Michel Normandeau…

***

Journal personnel...

Verdun, janvier 1973, vers 11 heures du matin. Paul et moi avons eu un meeting. J'y arrive enfin. J'y ai rêvé depuis 1967. Il m'a fallu 5 années complètes pour y arriver...

Tout comme son père, Paul Tietolman était et sera toujours à mes yeux, un grand visionnaire. Il s'excite souvent face à un nouveau projet et sa fougue est communicative.

— Yves, depuis combien de temps es-tu au AM ?

— Depuis mon retour... disons un an.

— Alors tu es prêt! Bienvenue au FM de CKVL!

Puis, dans sa fougue verbale habituelle et de son sympathique accent anglophone, il m'expliqua vouloir donner une nouvelle vie à la programmation du FM, en remplaçant progressivement la musique classique pour en faire un *TOP 40 de* type *Solid Gold* pop et rock (aujourd'hui CKOI), tout en gardant le jazz à l'antenne encore un certain temps.

Mon nouveau rôle consistait à concevoir, écrire, faire la narration et la réalisation d'émissions spéciales, et produire des documentaires musicaux pour le FM à être diffusés aux grandes heures d'écoute et intercalés dans la programmation.

Paul m'assigna un nouveau bureau, au rez-de-chaussée, dans l'une des discothèques du FM, faisant face au studio de production principal. Je m'y retrouvai entouré de toute une gamme de musique captivante: américaine, britannique, européenne, canadienne, française et, québécoise… Un système stéréo puissant, une machine à café toujours allumée et une vieille dactylo obéissante meublaient mon nouveau bureau. De plus, à quelques pas de moi, ma copine Jocelyne (Jojo), qui travaillait également à la station, avait son bureau tout près de la porte d'entrée d'un confortable studio à l'éclairage tamisé. Dans ce studio, une grande ouverture vitrée permettait de voir une partie de la régie où Guy Davignon, technicien et producteur, m'aiderait à réaliser les enregistrements des documentaires et des émissions spéciales. Enfin, j'étais au FM !

***

Dès le lundi 29 janvier 1973, je proposai à Paul l'idée de produire et diffuser un message spécial, invitant les artistes québécois de la relève, écrivant et interprétant du répertoire original en français, à nous contacter à la station.

Paul, par son dynamisme et son sens du marketing a toujours eu des idées commerciales surprenantes et originales. Je sentais qu'avec lui, je pouvais avancer, progresser dans ma carrière radiophonique et pousser davantage l'expérimentation de l'enregistrement sonore et de la production commerciale.

Et puisqu'une petite fortune avait été investie dans les studios, dans l'équipement d'enregistrement de production et de diffusion, et dans un studio-théâtre, autant en profiter. J'avais désormais à ma disposition des moyens techniques de qualité pour enregistrer.

L'idée d'assembler une banque de nouvelle musique québécoise francophone, en utilisant le studio-théâtre pour y enregistrer des groupes de la relève, interprétant du répertoire original en français, pour le diffuser ensuite en primeur sur les ondes du FM, avait été accueillie chaleureusement par Paul Tietolman.

En acceptant, la diffusion du message adressé aux nouveaux artistes se transforma en succès instantané. Les téléphones ne cessaient de dérougir. Les standardistes de la station furent rapidement débordées. Nous avions touché juste.

***

2

« Little Lady of mine »

Journal personnel...

Montréal, 12 février 1973. Aujourd'hui deux étranges bonhommes sont débarqués à mon bureau. Ils m'ont joué un enregistrement d'une chanson anglaise, réalisé en janvier 1971. Mystérieuse impression que d'entendre ces deux bonhommes. S'ils peuvent faire le même genre de chanson en français... ils auront beaucoup de succès.

Serge Fiori et Michel Normandeau *sont arrivés vers onze heures de la matinée, au 211 avenue Gordon à Verdun. Je les attendais derrière les grandes portes vitrées du hall d'entrée de CKVL. Leur accoutrement me fit sourire. Je remarquai leurs jeans troués, leurs longues chevelures, leurs chemises indiennes, leurs yeux pochés... Ils n'avaient probablement pas dormi suffisamment. Je leur proposai un café très explosif.*

— Man, ton café y'est pas trippant ! d'affirmer le jeune Fiori, bien sûr de lui.

— Y parait que vous cherchez du nouveau talent, c'tu vrai ? d'ajouter Normandeau sur un ton plus convenable.

— Hum... vous en avez entendu parler les gars ?

— Écoutes! Nous autres, du quétaine on n'en fait pas...

— Voyons Serge, à CKVL-FM, c'est pas du quétaine qu'on cherche : c'est du nouveau, du pop-rock, du hip contemporain, mais francophone.

Beau Dommage, Claude Sirois, Gilles Valliquette, Ville Émard Blues Band, Richard Séguin, Jim et Bertrand, Contraction, Michel Madorre, Caramel Mou, Manège, Dyonisos et plusieurs autres m'avaient déjà contacté. Au début de l'année 1973 la banque de nouveaux talents de CKVL-FM était déjà bien garnie. Certains nous avaient même envoyé un représentant ou leur manager officiel, et tous jusqu'à présent nous avaient démontré de la courtoisie et de l'intérêt. Il n'y avait pas assez de jour dans une semaine pour tous les auditionner, évaluer leurs chansons et présenter un rapport écrit avec mes recommandations à Paul, afin que ce dernier puisse prendre une décision finale.

— Voilà deux hippies d'Outremont qui ne semblent pas manquer de front…, dis-je à Jojo en sortant de mon bureau, après m'être excusé auprès de ces messieurs Fiori et Normandeau.

— Ils ne sont pas les plus polis que l'on ait vu jusqu'à maintenant, n'est-ce pas Yves? Avaient-ils pris rendez-vous avec toi?

— Oui, Michel Normandeau.

Balayant ses longs cheveux blonds à la Joni Mitchell, son sourire m'aidant, je retournai au front.

— OK les gars! Laissez-moi voir si le studio d'audition est libre. Si oui, on descend au premier étage et vous me jouez vos tounes.

— Hey man, on a mieux que'çà. On a un enregistrement sur « tape » d'une de nos tounes.

— Ah oui! Wow, c'est rare! Laissez-moi quand même appeler le studio d'écoute.

Ce ne sont certainement pas les studios qui manquaient à CKVL-FM. J'en trouvai un dans l'immédiat. J'invitai Fiori et Normandeau à me suivre. Le grand hall de réception du deuxième étage brillait de couleurs étincelantes et cristallines, les reflets des lumières tamisées faisant resplendir les couleurs des nombreux poissons à qui Monsieur Jack avait décidé un jour de donner abri dans un immense aquarium. Il n'en fallait pas plus à Fiori pour affirmer son potentiel de « showman »:

— Hey Michel! As-tu faim ?

Serge s'était arrêté devant les poissons dans un de ses élans « hallucinatoires naturels ».

Les marches du grand escalier étaient recouvertes d'un tapis rouge romain, couleur Vatican. La rampe d'appui était de bronze. Les yeux des cadres qui travaillaient au AM, en me croisant dans l'escalier, me jetaient leurs pensées interrogatoires à la vue des deux moineaux que je précédais dans notre parcours vers le studio d'écoute.

—Ouais...y'a changé le FM, Ladouceur...

— Wow, on est loin du temps d'Félix...

— Emmène-les pas dans l'restaurant, Greta va « freaker »!

Décidément, notre trio faisait grande impression sur les gens du AM!

En les conduisant jusqu'au studio de production près du studio-théâtre, je tentai de leur expliquer que les annonceurs, personnalités artistiques, techniciens, secrétaires et réceptionnistes des deux stations aimaient s'amuser, et qu'il régnait un esprit de grande famille, sans compter les drôles d'oiseaux d'animateurs errant dans les couloirs à lumière tamisée du FM...

— Pendant qu'au AM, *Madame X* et le *Professeur Gazon* placotent, parlent de sexe ou d'astrologie, au FM...on se tape du bon québécois! Serge et Michel s'esclaffèrent.

D'un sac à dos, style « armée du salut en camping », Serge sortit une petite boîte jaune.

— Tiens-toé ben, tu vas flipper man.

— C'est quoi?

— Un démo qu'on a fait récemment, notre première chanson.

J'enfilai rapidement la bobine et pesai sur *play*...

Comme les guitares du groupe *America* dans la chanson *A Horse with no name* – l'une de mes favorites – le son des guitares et le rythme légèrement blues acoustique de *Little Lady of Mine* me frappèrent. Une mélodie à la *James Taylor,* Serge Fiori chante. En fond, l'harmonie vocale et la guitare de Michel Normandeau… et à mi-temps, un solo de Serge Fiori à la 12 cordes, envoûtant. *Little Lady of Mine* m'a charmé immédiatement.

— C'est dommage que ce soit en anglais les gars, parce qu'il y a vraiment un manque de bonnes chansons pop-rock en français au Québec, et dans votre genre musical, le folk-rock, c'est pire, y'a presque rien…

— … mais, si vous acceptiez d'écrire en français, je pourrais vous enregistrer dans le studio-théâtre et présenter un enregistrement de vos chansons françaises sur les ondes du FM. Qui sait comment réagiront les auditeurs ou même, les agents des compagnies de disques?

Ils m'avouèrent alors avoir déjà une ébauche musicale d'une nouvelle chanson non terminée, dans le même genre. Michel Normandeau s'empressa d'insister sur l'idée que d'écrire un texte francophone ne devrait pas être un problème.

Pendant ce temps, Serge fixait le vide. Il fixait fort et pensait vite. Je demandai quand il leur serait possible de me faire entendre la musique de cette nouvelle chanson.

— On a emmené nos guitares, c'est pas un problème, pourquoi pas tout'd'suite ?

— OK les gars on retourne en haut.

Tout comme les propos entendus lors de notre descente des escaliers, nous eurent droit, lors de notre remontée vers le deuxième, à certains propos de Madame X :

— Arrêtez, jeunes hommes, un instant, j'ai déjà vu cette scène dans mes cartes. Que faites-vous ici?

— C'est qui c'te fuckée-là? de me confier Serge à l'oreille.

— Madame X, j'aimerais vous présenter deux gars très talentueux, Serge Fiori et Michel Normandeau.

— Ont-ils déjà entendu parler des barbiers, dites-moi Monsieur Ladouceur ? me demandera-t-elle un jour, en me croisant à nouveau dans le couloir.

Lorsque nous repassâmes près de Jojo, elle m'interrogea du regard. Elle me connaissait bien : c'était pas normal; je les avais fait revenir à mon bureau.

— Trois bons café ma Jojo, penses-tu que ce serait possible ?

Elle me sourit à nouveau, et comme à chaque fois mon cœur palpita.

Les premières notes et accords de ce qui allait devenir « Pour un instant » retentirent comme du cristal entre les murs de mon bureau. Fiori et Normandeau ne perdaient pas de temps. Ils étaient déjà à l'œuvre pour finir de me convaincre ou en finir avec moi. En les observant de plus près, leur attitude nonchalante pouvait signifier que c'était la même chose.

Le fait que je remarquai dans le patron d'accords de certaines sections de la chanson, qu'ils me jouèrent « live », un petit lien d'influence avec « *Here comes the sun* » des Beatles, et que surtout j'osai leur dire, offusqua Serge Fiori.

Jojo sauva la situation en arrivant avec le café. Ce n'est que plus tard en travaillant avec Serge que je pris conscience du fait qu'il détestait qu'on le compare à d'autres. Je pense que cela peut être la raison pour laquelle il éluda souvent, par la suite, les questions trop précises de certains journalistes quant à ses influences musicales.

Au Québec, enregistrer exigeait beaucoup d'argent, un effort organisé, une petite équipe solide, des moyens techniques. Les groupes d'auteurs-compositeurs-interprètes qui ont éclos en 1973 à Montréal devaient travailler très fort pour finalement avoir accès aux studios, producteurs et maisons de disques.

La pratique courante de l'époque était plutôt de prendre son instrument et d'aller directement dans le bureau d'un producteur de disques et de lui jouer ses chansons, ou encore, d'inviter le producteur de disques à venir voir son spectacle.

Le cas de Fiori-Normandeau était différent. Ils avaient déjà une maquette sonore stéréo sur ruban magnétique. Même en anglais, c'était pour moi une heureuse surprise. Ce n'était plus qu'une question de langue…

3

Soirée magique à Outremont

Je ne sais pas si c'était à cause de la pleine lune, mais j'ai vécu une soirée magique à Outremont et fait une véritable découverte.

Michel Normandeau me contacta à CKVL-FM pour m'inviter à une soirée chez lui, rue Hutchison à Outremont. Je ne savais pas qu'en ce samedi *24 février 1973,* j'allais entendre pour la toute première fois deux nouvelles chansons de Fiori/Normandeau, en français. Mon intuition m'avait toujours bien servi, du moins, à chaque fois que je l'avais écoutée.

En ce début de soirée, les augures me semblaient favorables. J'ai senti que ma vie prenait un nouveau sens.

Je grimpai les escaliers en courant. Les deux copains partageaient alors un grand logement face à l'appart' de Claude Meunier, un bon ami à eux. Lucie, la copine de Serge, était joyeuse comme un rayon de soleil. Elle dégageait une énergie fraîche et positive, alors que Marie, la copine de Michel, plutôt réservée, avait ces yeux mystérieux au regard doux et velouté.

Des chandelles sont allumées, de l'encens brûle, des coussins confortables s'étalent sur la carpette persane usée. Une table à café occupe le centre du salon. L'appart' est meublé sobrement: meubles antiques chauds et bien conservés, une phalange de plantes dont s'occupent amoureusement Lucie et Marie, beaucoup de disques et un bon système stéréophonique. Ils étaient de véritables amateurs de café colombien, java ou moka, et thés et tisanes.

Ce fut une soirée magique, « électromagnétique », de la pointe des cheveux jusqu'au bout des pieds, un frisson merveilleux me traversa à l'écoute de leur musique. J'en avais le souffle coupé. Des guitares acoustiques splendides, rayonnantes et radieuses, des voix venteuses, cool et harmonieuses, une flûte envoûtante, des histoires vivantes qui font du bien, des textes intelligents, des images poétiques, des mélodies accrocheuses...

Les chansons *« Pour un instant »* et *« Si doucement »* furent l'étincelle donnant naissance à ce qu'allait devenir la musique d'Harmonium. Je percevais dans la pièce, le flottement d'étranges corps de lumière... Mon intuition me disait que j'avais devant moi un duo qui allait faire sa marque. J'en étais profondément convaincu. Mon cœur et ma logique étaient, pour une fois, en accord.

C'est précisément à cet instant que me vint le désir de les mettre sous contrat. J'étais totalement et profondément convaincu de leur succès. Je le sentais dans mon âme, dans mon cœur et dans tout mon être.

J'étais avide de mieux les connaître. Je les questionnai pendant des heures. Leurs visions, leurs goûts musicaux, leurs influences, leur jeunesse, la cause cachée derrière l'histoire de leurs chansons.

Michel Normandeau parlait beaucoup plus que Serge à cette époque, ce qui changea avec le temps. Il faut dire que Michel avait étudié en journalisme et en littérature à l'Université de Montréal, qu'il était un grand communicateur et un grand lecteur. Il dévorait littéralement les livres. Michel était l'homme de lettres du duo Fiori/Normandeau, et d'Harmonium par la suite. Après Harmonium, l'histoire allait aussi démontrer ses talents en communication, puisque des années plus tard, après sa fulgurante carrière avec Harmonium et toutes les beautés des images qu'il a couché sur papier, Michel Normandeau fut embauché par le Ministère des Communications du fédéral à Ottawa.

Pour ce qui est de Serge, il avait fait des études musicales au Cégep, écrivait également ses textes, en plus d'avoir un grand talent à la guitare.

Dans son adolescence, dans les années 60, Serge avait fait partie d'un groupe du nom des *TalMuds,* avec lequel mon groupe s'était retrouvé en compétition lors d'un concours d'orchestre. Dans la deuxième moitié des années 60, ce phénomène de concours était très populaire tant ici que partout ailleurs dans le monde. « The Battles of the Bands » ou « La bataille des groupes » nous permettait de pouvoir se mériter un contrat de disque ou d'enregistrement. Mais, à cette époque, personne ne faisait de répertoire original : on faisait plutôt les grands succès de groupes britanniques et américains.

En cette soirée magique à Outremont, peu nombreuses furent les paroles de Serge autres que celles qu'il chanta. Son discours était simple mais fondamental : dix doigts avaient remplacé sa langue, et ses doigts parlaient une langue nouvelle, espacée et aérée que tout être humain aurait pu comprendre. Sa voix transportait l'âme, il n'était plus là parmi nous : tel un canal, il traduisait et communiquait les ondes d'un autre monde. Bien assis sur un coussin par terre, les yeux fermés, en aucun instant il ne regarda son manche de guitare. Comment aurais-je pu refuser de travailler avec eux? *« J'ai pensé à toi et même un peu plus, j'ai rêvé d'une journée, d'un grand jour de fête... »*

Un fait certain, l'ambiance de cette rencontre chez Fiori-Normandeau fut tout autre que celle de notre première rencontre à CKVL-FM. J'eus l'impression de rencontrer un autre Serge Fiori, différent de celui qui était venu à mon bureau auparavant.

Pour vraiment connaître Serge Fiori, le vrai, l'âme de l'artiste-musicien réincarnée, il faut accorder du temps à l'écoute analytique de sa musique car elle est le seul et unique médium véritable à travers lequel il s'exprimait pleinement, avec une clarté proche de celle du cristal. Simple, vraie et universelle, la musique d'Harmonium est l'une de celles qui sont rares, de par son rapprochement à la « musique céleste » et qui a su traverser le temps.

Serge était conscient de cela et n'aimait pas que l'on compare sa musique à celle de qui que ce soit d'autres.

Je quittai, peu avant minuit, excité, la tête pleine d'idées. La vie me faisait un signe. Nous allions foncer vers un futur inconnu, à portée ignorée, des surprises époustouflantes nous avaient été réservées et, chose certaine, je ne voulais pas passer à côté.

***

4

On signe ou on signe pas?

P eu de temps après cette soirée magique à Outremont, je ne percevais plus les poissons de l'aquarium de l'avenue Gordon de la même façon. Le « *Hey Michel, as-tu faim ?* » qu'avait lancé Serge, résonnait encore, mais comme le dernier soupir d'une ancienne vie, loin dans la vallée des impressions auditives au dessus de laquelle flottait mon âme. Les poissons me souriaient maintenant. Ils avaient collé leurs grosses babines à la vitre de l'aquarium comme pour m'accueillir à mon arrivée. Je les entendais presque me dire:

— « Qu'attends-tu pour aller porter la bonne nouvelle à Paul ? Tu les signes ou pas? »

Puis, Jojo arriva assidue, bien réveillée, toujours souriante. Elle prit de mes nouvelles et m'informa des plus récentes allées et venues de Paul. Je le trouverais à la cafétéria...

— Paul, j'ai rencontré les deux gars. Si tu savais comme leur musique est belle... Ils vont devenir le plus grand duo du Québec. Peux-tu te libérer plus tard pour écouter une petite chanson sur bande magnétique qu'ils m'ont laissée? Cinq minutes Paul, pas plus, crois-moi, on a trouvé.

Paul qui me connaissait suffisamment, dû percevoir la lumière dans mes yeux à ce moment-là

31

et remarquer l'excitation dans ma voix, pour ne pas dire mon exubérance. C'est ce qu'il me confia, des années plus tard. Paul a toujours eu beaucoup de flair et d'intuition.

— Yves, tu es vraiment convaincu, n'est-ce pas ? Qu'est-ce qui s'est passé?

— Viens Paul, viens écouter... ce sont des grands en puissance!

— OK Yves, mets-les sous contrat! J'ai une journée de fou, mais viens me voir en fin d'après-midi et on en discutera davantage.

Cette décision soudaine et spontanée se révélera être un fait majeur qui influencera tout ce qui adviendra durant la première année de développement de la carrière de Fiori-Normandeau et d'Harmonium.

Je préparai donc une lettre d'entente[4], du moins ce qui me semblait l'être. Jojo fit une transcription dactylographié du contenu de l'entente verbale sténographiée préalablement, et je présentai à Paul ce document d'à peine deux pages lors de notre meeting de fin d'après-midi.

— Hey-Hey! Mon ami Yves à l'air heureux! Jojo m'a souligné la transcription de la lettre d'entente. J'en ai pris connaissance et c'est OK pour moi. Je te connais bien Yves, tu dois avoir un plan, non ?

— J'en ai un.

---

[4] *Nous ne signerons finalement une entente écrite qu'au moment de notre séparation.*

Paul était confortablement installé, lové dans la chaise du commandeur en chef au bout de l'impressionnante table de conférence de chêne rosé massif. Son ancien bureau était devenu le mien et la salle de conférence, le sien – sauf quand Monsieur Jack, son père, en avait besoin.

— Raconte-moi.

— J'ai appelé Michel pour lui dire que nous étions prêts pour une nouvelle rencontre. Il en parle à Serge et me rappelle. Paul, je crois que nous devrions les inviter à venir enregistrer un concert en direct à notre studio-théâtre. On enregistre un après-midi de week-end, on diffuse le dimanche soir, pénard, bingo, bravo !

— Hum... C'est bon Yves, excellent, lâche-pas l'affaire.

J'appelai chez Serge et Michel le lendemain. J'ajoutai avoir parlé à Paul, que tout avançait très bien, qu'il me donnait carte blanche et qu'il ne restait plus qu'à nous rencontrer pour signer la lettre d'entente; je fixerais ensuite une date de réservation du studio-théâtre, pour l'enregistrement d'un concert à être diffusé en différé, un dimanche soir, dans les quatre ou cinq semaines.

— Yves, je dois te dire que vous n'êtes pas les seuls dans le portrait. J'ai parlé avec Stéphane Venne[5], et il vient de nous rappeler pour nous

---

[5] *Stéphane Venne, auteur du thème musical « Terre des Hommes »
(...amène-nous à la ronde...) de l'Expo 67.*

proposer un contrat d'enregistrement. Il nous faut du temps pour réfléchir.

Je compris le message : *Prouvez-nous que vous êtes en mesure de faire quelque chose pour nous, et nous signerons ensuite une entente.*

***

5

Week-end d'interrogation

En ce vendredi après-midi, vers 3 h, tout me semblait aller trop vite avec les cotes d'écoute qui venaient de grimper, les émissions spéciales à concevoir, écrire, réaliser, vocaliser et produire. Le stress de la semaine, les autres artistes et nouveaux groupes qui ne demandaient pas mieux que de collaborer avec CKVL-FM, et Fiori-Normandeau qui *branlaient dans le manche.*

J'étais dû pour un bon « break ». Jojo entra dans mon bureau avec deux tasses de café.

— Wow! Ça va pas Yves?

— Bof...j'sais pas...

— Moi, je le sais : pourquoi pas un p'tit week-end avec les oiseaux, les grands sapins, le lac, une bonne bouteille de rouge au chalet, quelques bûches dans le foyer? La grande relax...

— Ouais... je suis dû!

Nous sautâmes dans ma petite « Datsun » qui semblait bien heureuse, elle aussi, de rouler sur l'autoroute des Laurentides vers ce repère de la campagne que nous avions loué avec Georges Thurston, François Guy et trois amis. Sans compter « Garou le Fou[6] », qui de temps à autre arrivait sans

---

[6] *Garou le fou : surnom donné anciennement à Robert Charlebois.*

prévenir dans sa « Citroen » grande classe, après une partie de tennis à Sainte-Adèle ou d'un show quelque part au Québec. Il se préparait à faire l'Olympia de Paris.

Ce n'est que le dimanche soir sur le chemin du retour vers la grande ville, que nous décidâmes de crever l'abcès :

— Crois-tu vraiment que ces deux gars sont à la mesure de la torture que tu t'es infligée depuis deux jours?

Jojo, lionne de signe astrologique, n'avait rien à foutre des détours – une des raisons pour laquelle elle me plaisait beaucoup, car j'étais son contraire.

— Tu as raison, j'ai assez attendu. Je les appelle demain, et si ce n'est pas eux, j'ai déjà pensé à un autre groupe qui m'a contacté tout récemment. Ils ont un drôle de nom... attends voir... ha oui! Ils s'appellent « Beau Dommage ».

Finalement, j'optai pour la plus simple des stratégies : attendre qu'ils me rappellent. Pour ce qui est de Beau Dommage, un chapitre ultérieur raconte notre collaboration.

Le jour vint où Jojo m'annonça avec fierté que Serge Fiori attendait en ligne. Un mois s'était écoulé...

— Hey! man... C'est moé, ça va?
— Bien et toi?

J'avais un gentil garçon, directeur de la promotion à la branche québécoise de Warner, face à moi au moment de prendre l'appel.

— On fait un party samedi soir et on t'invite. Meunier va venir, tu vas l'trouver tripant. On's'tappe une bouffe, pis après j'ai une surprise pour toé.

— Serge, j'ai pris ton appel, mais je suis en meeting avec le directeur de Warner. Je te rappellerai tantôt.

Décidément, parfois lorsqu'on ne s'y attend plus, la vie nous fait un clin d'œil.

***

6

Les premiers pas de Fiori-Normandeau

Le *20 mars 1973*, je retournai à Outremont pour entendre les troisième et quatrième nouvelles chansons françaises de Fiori/Normandeau.

Du 4130 Décarie, appartement 16, où Jojo et moi faisions vie commune depuis quelques semaines entourés des harmonieuses vibrations acoustiques du boulevard Décarie, nous sortîmes de notre petit nid d'amour afin de humer les douces odeurs d'oxyde de carbone de Montréal. Après tout, quand on est jeune, on est capable d'en prendre...

J'en profitai pour un réchauffement psychologique avec ma copine – je ne tenais surtout pas à ce qu'elle se sente mal à l'aise chez les gars –. Je lui expliquai l'ambiance qui nous attendait rue Hutchison, la gentillesse de Lucie et Marie. Et puis, ce n'était qu'après tout qu'un party, fallait pas capoter pour ça.

Je précisai que mon but était simple:

— Je sors de là avec une entente ou on tourne la page.

À notre arrivée, Michel nous accueillit et nous fîmes les présentations.

— Suivez-moi, on vous attendait!

Michel tenta tant bien que mal de nous conduire jusqu'au nid de coussins, mais voilà que le passage était obstrué par quelques hippies en pleine conversation profonde. Jojo et moi, au rythme de chaque pas, jetions un regard ici et là. Des barbes, du patchouli, des yeux couleur colombiens, quelques intellos à lunettes, des copines aux blouses légères, sans brassières, agrémentées de robes à fleurs. Tout était bien cool...

— Hey Yves, c'est l'fun que tu sois venu! Viens, on prend une tisane au salon. J'ai une surprise pour toé», me lança Serge avant de me présenter notre désormais célèbre Claude Meunier.

Une musique « pink-rose » cajolait les particules d'air du salon. Tous les coussins étaient occupés. Serge et Michel prirent leurs guitares. D'abord, « Little Lady of Mine » version « live », puis suivirent « 100,000 raisons », « Attends-moi », « si doucement », « Pour un instant ». Les hippies bien cordés fixaient le plafond devenu comme une voûte étoilée, des planètes ayant miraculeusement prononcé les mots magiques... L'extase.

« Popa » vint clore le concert privé en testant une de ses dernières blagues débile et bien tordante.

Applaudissements hallucinatoires suivirent, accompagnés de multiples tapements sur l'épaule à coup de « Man c'técoeurant ».

— « Ok...Ok.. ça va faire les freaks.... j'aimerais vous annoncer ma surprise. Voici notre nouveau manager, Yves Ladouceur.

Serge venait de se prononcer ! J'aurais bientôt quatre bonnes chansons à ma disposition.

***

7

Le mini-concert au Studio-Théâtre

Journal ...

Sainte-Marguerite, dimanche 1er avril 1973. J'ai passé le week-end au chalet dans les Laurentides, et les trois dernières heures de l'après-midi sous un grand saule, près de l'étang. J'en avais besoin pour m'enlever le stress de la ville et réfléchir au concert de ce soir au studio-théâtre de CKVL. Je pourrai me concentrer sur la réalisation du concert...

Avec un enregistrement réalisé au studio-théâtre de CKVL-FM, j'aurais un démo produit dans d'excellentes conditions que je pourrais diffuser sur les ondes du FM et faire entendre ensuite aux agents des compagnies de disques qui me visitaient à chaque semaine, aux journalistes que je connaissais, ainsi qu'aux vieux copains de la radio rencontrés dans les stations où j'avais travaillé, avec lesquels j'avais maintenu contact.

Je consultai Paul et lui résumai mes conversations des dernières semaines avec les différents artistes qui avaient répondu au message que nous avions diffusé au début de février. Paul était excité, ses yeux brillaient, il désirait en savoir davantage. Je lui parlai de Serge Fiori et Michel Normandeau et de leurs chansons françaises que j'avais entendues à Outremont.

— Paul, même s'il manque encore quelques chansons pour compléter un premier album, je pense que ce serait quand même intéressant de présenter les quatre chansons existantes à nos auditeurs et recueillir leurs réactions. En fait, pour nous, ce sera un test. Je le ferai gratuitement, en dehors de mes heures de travail pour CKVL, et si tu aimes le résultat, on pourra continuer... rien à perdre, tout à gagner. Si tu me prêtes le studio-théâtre un dimanche soir, j'enregistrerai leurs quatre chansons. Comme ça, ils pourront reprendre leurs performances jusqu'à ce qu'elles soient à point. Je ferai ensuite un montage de 30 minutes, incluant une petite interview avec eux. Tu pourras ensuite les entendre et décider. Qu'en dis-tu Paul ?

— OK! Faisons-le! Réserve le studio-théâtre et vérifie l'aspect technique avec Guy Davignon.

Le temps filait rapidement, je m'empressai d'appeler Serge et Michel. Serge prit l'appel.

— Ouais... Ouais... un poisson d'avril Ladouceur ?

— Non, non, Serge, c'est pas une joke ! Penses-tu que vous avez assez de temps pour nettoyer les structures des chansons et les améliorer d'ici le 1er avril ?

— Michel ! On l'a!

Le dimanche soir venu, je sautai dans ma petite Datsun et filai à vive allure sur l'autoroute des Laurentides en direction de Montréal. Une cigarette n'attendait pas l'autre. J'écoutais la station pour me changer les idées. Le groupe *America* chantait *A Horse with no name.* Pas de surprise : je connaissais déjà les prochaines chansons, que j'avais programmées. Mais ce n'était pas suffisant pour m'enlever le trac… « Qu'est-ce que j'ai à m'en faire comme ça…? » pensais-je. Enfin, j'arrivai sur l'avenue Gordon à Verdun. Michel était excité, Serge ne parlait pas. En les conduisant vers le studio-théâtre, j'essayai de faire une farce, sans succès.

Guy Davignon avait déjà installé les microphones. La scène était prête. « Étrange », me dis-je… J'avais l'impression de me retrouver dans un rêve que j'avais fait récemment, et qui m'avait frappé à mon réveil.

Nous fîmes les premiers tests de son. D'abord, la guitare à douze cordes, puis celle de Michel. Les réflexions acoustiques étaient étonnantes, à la fois chaudes et vivantes, ce qui était particulièrement excellent pour des guitares et des voix.

La structure et la durée des quatre chansons avaient été retouchées pour ce mini-concert. J'invitai Serge et Michel à répéter les quatre chansons afin d'ajuster les deux guitares avec les deux voix. J'allai préparer un pot de café frais, l'apportai sur la scène. Serge et Michel souriaient. Enfin, du bon café, une bonne cigarette, nous étions prêts !

Guy Davignon avait installé 6 microphones pour l'enregistrement : 2 pour les guitares, 2 pour les voix et 2 – en axe positionnel XY – au-dessus de Serge et Michel pour capter l'ambiance acoustique et les réflexions sonores de la grande scène à haut plafond. Un immense rideau de velours rouge avait été tiré devant la scène pour créer une ambiance et absorber les échos non désirés.

Aucune unité de traitement de réverbération n'était disponible, mis à part le « tape écho »; il devenait donc important d'exploiter l'acoustique du studio-théâtre, dont la réverbération était chaude et juste assez live, vivante.

Je demandai à Serge et Michel de faire une pause silencieuse pour les 15 secondes à la fin de chaque chanson. L'idée ici est d'éviter les bruits de fond, de faciliter le mixage et de prendre les meilleures séquences des meilleures performances pour ensuite, si nécessaire, les coller ensemble.

Au montage final, nous avions trente minutes. Je poussai *stop*.

Ne me restait plus qu'à faire entendre cet enregistrement à Paul Tietolman. Il fut agréablement surpris, me posa quelques questions concernant Fiori/Normandeau et, me donna le feu vert.

Le 8 avril 1973, du chalet dans les Laurentides, j'écoutai l'émission. Nous avions notre premier « démo ». Mais, avec seulement quatre chansons originales [7], je ne pouvais obtenir de contrats d'engagement pour des spectacles, sans que Serge et Michel compensent en interprétant du répertoire francophone popularisé par d'autres artistes, ce qui était hors de question. Le temps nécessaire pour écrire de six à sept chansons supplémentaires me semblait difficile à évaluer. L'inspiration ne se commande pas.

***

---

[7] *Pour un instant, Attends-moi, Si doucement, Cent mille raisons.*

8

Depuis la Révolution dite tranquille, l'assassinat de John F. Kennedy, l'arrivée des Beatles et l'invasion britannique, les assassinats de Robert Kennedy et Martin Luther King, la guerre froide avec l'URSS et le péril nucléaire, Expo 67 et Sergent Pepper, la guerre du Vietnam, Woodstock et l'homme sur la Lune, la musique de la Californie et l'Ostid'Show de Charlebois, les bombes qui sautent à Westmount et le FLQ, l'Occupation d'octobre 1970 au Québec et l'armée dans les rues..., les jeunes boomers et hippies avaient amplement de raisons pour « virer sur le couvert ». C'est exactement ce qu'ils ont fait. Une époque exceptionnelle et florissante pour la musique. Le destin se déroulait, vivant et en direct. Les jeunes flottaient, détachés, la pensée en expansion, toutes fenêtres ouvertes. La voix de l'intuition devenait plus facile à entendre. Suffisait alors de l'écouter et de la suivre instinctivement.

C'est donc à cette époque et dans ce contexte que nous avons entrepris de travailler en étroite collaboration, Fiori-Normandeau et moi. Nous avions des meetings créatifs une à deux fois par semaine dans le but de développer leur premier album. Tout restait à faire. Le duo n'avait pas suffisamment de matériel original pour tenir un spectacle, mais ils pouvaient tout de même faire quelques apparitions. Ce fut le tout premier objectif clairement déterminé dans leur plan de carrière : écrire suffisamment de répertoire pour un album complet et faire des spectacles.

Les fins de semaine, Serge allait jouer avec l'orchestre de George Fiori, son père. Je me souviens de Serge, un samedi en fin d'après-midi quittant l'appart' de la rue Hutchison, descendant les grands escaliers, vêtu d'un costume bavarois... un chapeau bavarois typique, avec la plume et les cheveux longs qui lui flottent plus bas que les épaules, accoutré de culottes courtes garnies de bretelles rouges, habillé d'une chemise blanche et bouffante, sans oublier les bas blancs et souliers noirs bavarois, portant sa guitare électrique, secondé par Michel qui transporte un amplificateur, les deux se dirigeant allègrement vers leur voiture, une coccinelle jaune-moutarde bien amochée... Une scène plutôt hilarante.

— Salut Yves! J'vais conduire Serge, y s'en va faire du bavarois...! As-tu vu son beau costume... ?

Michel avait de l'humour et il aimait taquiner Serge de temps à autre. C'était un jeu qu'ensemble ils se plaisaient à jouer : l'un se foutant de la gueule de l'autre.

— Ça va les gars ? Où tu vas comme ça Serge ?

Je remarquai ses jambes poilues. C'était trop et j'éclatai de rire...

— Ladouceur, c'est pas drôle tabarn… !

Serge venait de déposer sa guitare sur le siège arrière de la petite Coccinelle et observait Michel, qui tant bien que mal, faisait de son mieux pour y faire entrer le gros amplificateur et ne pas s'esclaffer lui aussi.

— Prends pas ça comme ça Serge, tu vas faire du *cash* ce soir! de dire Michel.

L'orchestre de George Fiori était renommé parmi la communauté de Saint-Léonard et de la Petite Italie à Montréal. Quand ce n'était pas pour un mariage italien, l'orchestre jouait dans les brasseries bavaroises de la province. C'est ainsi que Serge gagnait sa vie pendant les week-ends.

Quant à Michel, il ne faisait pas partie de l'orchestre de George, et je n'ai jamais vraiment su comment il gagnait sa vie. Je sais toutefois qu'il jouait de la guitare depuis peu longtemps, les accords de guitare qu'il connaissait lui ayant été enseignés par Serge. Michel était d'abord un auteur qui accompagnait Serge à la guitare.

***

Le *9 avril 1973*, vers dix heures en matinée, je décidai d'écrire et d'envoyer un court communiqué de presse à l'attention de certaines connaissances du milieu artistique, de la radio et des journaux. Je mentionnai l'arrivée de Fiori/Normandeau sur la scène musicale du Québec. En un paragraphe, je parlai de leurs quatre chansons et de leur concert diffusé par CKVL-FM. J'ajoutai qu'ils étaient disponibles pour de courts engagements, ainsi que mes coordonnées. Je réalisai une capsule d'information spéciale que je m'empressai de diffuser sur le FM.

Je pensais au célèbre manager des Beatles, Brian Epstein, dont j'avais lu récemment une autobiographie, et à la façon dont il s'y était pris pour prendre un groupe bizarre déchaînant les fans surexcités du Cavern à Liverpool, et les conduire à changer le monde entier... Cette histoire me fascinait. J'avais pris soin d'étudier comment Brian avait contourné les obstacles inévitables. Sa stratégie m'avait impressionné et je décidai de l'appliquer pour Fiori-Normandeau.

Durant cette année donc, nous avions également des meetings créatifs et business. J'avais pour principes de ne jamais établir un élément dans le plan de carrière sans les avoir préalablement consultés. Je n'ai jamais pris de décisions importantes sans consulter Serge et Michel. Lorsque l'un et ou l'autre n'était pas d'accord, l'idée était abandonnée et on changeait d'objectif. Plus tard, lorsque Louis Valois s'ajouta, nous étions devenus quatre personnes à partager le consensus et à exercer notre droit de veto. Je participais et programmais tous leurs meetings créatifs. Lors de ces rencontres, j'exprimais mes idées et mes opinions sur leur répertoire et leur direction de carrière et j'en profitais pour leur apporter des offres d'emploi et des prestations que j'avais trouvées ou qui m'avaient été proposées.

Je m'impliquais totalement et à tous les niveaux. Soit on allait chez Serge, soit chez Michel, ces derniers n'ayant pas toujours habité le même appartement. À l'époque où ils habitèrent ensemble, plusieurs « idées et flashs musicaux » donnèrent naissance à ce qu'allait devenir plus tard leur musique. C'était surtout Michel Normandeau « l'homme fort » côté texte. Mais, Serge écrivait aussi et possédait un talent naturel extraordinaire à la guitare. Tel Lennon & McCartney, ils se complétaient à merveille.

Nos meetings créatifs étaient toujours passionnants et très sérieux, mais aussi très drôles. Aucun étranger ne pouvait assister à ces meetings. Évidemment, nous avons fait entendre les premières chansons à des amis afin de recueillir leurs opinions, mais ils n'étaient jamais présents lors du processus de création. Je prends par exemple, Claude Meunier qui eut la chance d'entendre plusieurs des premières chansons avant qu'elles ne soient enregistrées. Il a eu ce privilège parce que ses idées et ses opinions étaient toujours bonnes.

Je crois que nous étions des fans de Claude Meunier, tout comme lui était un fan de ce que faisait Fiori-Normandeau. Durant ces rencontres, il nous arrivait également de parler de mysticisme. Michel et moi avions à peu près le même âge alors que Serge était à peine plus jeune que nous. Serge avait la tendance naturelle d'être porté vers le sujet. À force de se voir tous les jours, nous avons développé une très bonne relation. Pour ma part, Michel et Serge étaient comme des frères.

***

9

L'arrivée de Louis Valois

C'est en avril 1973 que Louis Valois vint compléter la cellule de base du groupe. L'ajout d'un bassiste accentua la rythmique des chansons et compensa pour l'absence d'une batterie. Musicalement, l'apport de la basse électrique modifia l'instrumentation et influa considérablement sur l'ambiance et les couleurs des chansons. N'ayant pas à se limiter en suivant et en appuyant le rythme d'une batterie, Louis avait le champ libre pour exprimer ses idées musicales et définir une rythmique originale, dérivée de celle des guitares. Ses idées étaient simples, originales et commerciales.

Louis m'a été sympathique dès le départ. Notre premier contact fut excellent. Il était la partie manquante au groupe, qu'il compléta harmonieusement bien. Il devint un membre très important du groupe et s'impliqua totalement dans le répertoire original. Son influence musicale est remarquable dans les quatre premières chansons et dans celles qui furent composées progressivement durant les mois de mai, juin, juillet, août et septembre 1973 : *« Musiciens parmi tant d'autres, Harmonium, Harmonium...suite, Aujourd'hui je dis bonjour à la vie »*.

La justesse et le timbre de la voix de Louis Valois ajoutaient une chaleur, une richesse et un velours à la texture des harmonies vocales. Louis a toujours été selon moi, celui qui avait la voix la plus juste. Mis à part l'originalité des chansons, trois éléments ont authentifié le « son » d'Harmonium : les voix, les guitares, et la basse électrique.

***

10

Géo Giguère

Quand il parlait tard le soir ou au début de la nuit sur CKGM-FM et que je l'écoutais au volant de ma MGB, toit baissé sur une route étoilée des Laurentides, j'avais l'impression d'entendre la voix d'un jeune prophète underground arrivant soudainement des nuages et qui atterrissait devant moi.

J'ai appelé Géo pour l'inviter à un petit concert privé de Serge, Michel et Louis à Outremont.

Avec Géo, les auditeurs vivaient dans un autre monde. J'avais écouté, avec un intérêt prononcé, ses fameuses émissions de nuit sur les ondes de CKGM-FM. Géo était le créateur du style de radio FM Rock, cool et progressif. Géo, un francophone, faisait de la radio sur un FM anglophone.

Géo écrivait aussi pour le journal Pop-Rock, le seul du genre au Québec, et animait une drôle d'émission de télévision au canal 9, télédiffusée sur Câble-vision, de Saint-Hubert, sur la rive-sud.

Puisque mes trois compères continuaient à composer et à travailler de nouvelles chansons, j'invitai Géo à un petit concert privé chez Serge et Michel. Il apprécia beaucoup et s'empressa de nous inviter à son tour dans son prochain show de télé, pour lequel il rassembla les artistes les plus flyés de la relève au Québec : *Plume, Cassonade, Michel Madorre, Pierrot le Fou, Charlot Barbeau*, et plusieurs autres…

Ce fut un véritable happening, digne de la façon de faire des hippies de la côte ouest : la grande liberté. L'ordre des performances des artistes n'avait pas été défini, car Géo n'avait aucune garantie que ces artistes de la relève, connus seulement d'un groupuscule de jeunes habitant Montréal, se présenteraient à l'heure au studio.

Nous étions tous plongés en plein délire improvisé. C'est dans cette ambiance que *Fiori / Normandeau / Valois* se présentèrent sur la scène du studio de la télévision communautaire de la rive-sud : des cliquetis de bouteille, des exclamations et des rires désopilants, la musique des artistes répétant leurs chansons à quelques pieds à peine de la scène, devant et à côté de la caméra, ajoutaient à la performance de Fiori/Normandeau/Valois. Je me croyais dans un *All you need is love* télévisuel.

***

11

George Fiori

Serge habitait avec Lucie depuis tout récemment sur l'avenue Outremont, près de Lajoie. Je rejoignis Serge et son père au fond de la cuisine où flottait une odeur de bon cappuccino. Je me suis assis à la petite table antique, et Serge me présenta son père : teint basané, cheveux poivre et sel, voix riche et profonde, au débit rapide, avec une chaleur et un sourire très méditerranéen.

George Fiori semblait être un homme très spécial, dynamique et aimant la vie. Aussi un musicien et chef d'orchestre, son talent pour les relations publiques l'avait conduit au département marketing de la Molson.

Serge lui parlait comme à un vieil ami. Les jokes les plus débiles de Serge faisaient s'esclaffer George. Il aimait voir son fils joyeux et positif. « Il parle à son père sur un ton surprenant », me dis-je. Serge me présenta :

— Yves est un genre de manager qui nous aide, il s'occupe de nos affaires, c'est comme notre producteur.

— Vous vous connaissez depuis longtemps? demanda George.

— Quelques mois à peine, lui dis-je.

— Comment est-ce arrivé ? me demanda George Fiori.

— Je travaille à CKVL, au FM. Serge et Michel sont venus m'y rencontrer. Je suis producteur d'émissions spéciales, de documentaires musicaux et j'aide Paul Tietolman à la programmation. Nous changeons progressivement le format. On délaisse finalement le classique et le jazz pour le pop-rock et la nouvelle musique québécoise.

— Oh ! Il me semblait aussi que j'avais déjà entendu ta voix quelque part…

— Vous savez George, votre fils et Michel font de très belles chansons en français.

— Quoi? En français!

Je regardai Serge avec étonnement. Je croyais que son père était déjà au courant.

— Ouais… on a commencé à écrire des tounes en français… C'est Yves qui nous a convaincus.

— Une belle surprise! Bravo.

Quelques semaines plus tard, George Fiori m'offrit un petit engagement pour un petit spectacle à un salon d'exposition commandité par Molson à la Place Bonaventure.

La Place Bonaventure

Nous avions installé guitares et amplis sur une scène qui ne pouvait contenir à peine trois musiciens, et le kiosque pouvait accueillir au plus cinquante spectateurs.

Les gens s'installèrent sur des chaises de camping pliantes, déjà symétriquement disposées face à cette petite scène. Un tapis vert recouvrait le plancher de béton.

Observer le public qu'attiraient mes bonhommes, m'en apprenait toujours. Ce court spectacle de *Fiori / Normandeau / Valois*, un jeudi soir de mai 1973 à la Place Bonaventure, était une opportunité additionnelle de tester les premières chansons francophones du futur **Harmonium** devant un public.

Quand ils entonnèrent le refrain de la chanson *Pour un instant*, je notai l'expression de surprise et d'étonnement sur le visage des spectateurs. Les applaudissements fusèrent dès la fin de la chanson. « C'est excellent! » me dis-je. Serge, Michel et Louis enchaînèrent avec *Si doucement*. Même réaction du public.

Je m'installais toujours sur la gauche, tout près de la scène. J'étais à proximité du trio d'une part, et bien placé pour observer les expressions, les regards et les réactions du public, d'autre part. Ces informations privilégiées se gravèrent dans ma mémoire et m'aideraient à prendre des décisions plus efficaces.

***

12

La Saint-Jean de 1973

Journal personnel...

Montréal, 25 juin 1973. Ma Datsun fait pitié. Elle a été cabossée, brassée, frappée, lavée à la bière. Sa peinture est maintenant marquée de brûlures de joints de hasch et de grass que les hippies ont éteints sur le capot et sur le toit, pendant que d'autres foutaient le feu dans la cabane en bois de l'indou. Le parking, sans issue, devint un véritable four ardent. Dangereux. J'animais en direct sur les ondes de CKVL-FM et, tout cela se passait face à la scène. Si je paniquais, c'en était fait de nous. On pouvait couper la tension avec un couteau. C'est un véritable miracle que d'être encore vivant. Je suis heureux, mais déçu. Pourquoi ?

La génération des 18-25 ans était très anti-establishment. Le PQ n'était pas encore au pouvoir. Et, avec la Loi des mesures de guerre, « l'establishment canadien » n'avait pas la manière appropriée de nous ramener à des sentiments plus amicaux, malgré notre aspect Peace & Love ou hippie. Au lieu de cela, ils nous craignaient, nous épiaient, nous provoquaient, jusqu'à se pointer à cheval avec leur armure de bœufs enragés.

Impossible de dissocier Harmonium de la fête nationale de la Saint-Jean, du nationalisme ou du P.Q. À trois reprises, d'abord le 24 juin 1973 sur la Place Jacques-Cartier du Vieux-Montréal, puis à la Saint-Jean 1975 sur le Mont-Royal et, enfin, lors d'un grand rassemblement populaire de masse à Jonquière/Chicoutimi au Lac Saint-Jean en juillet 1975, dans un grand aréna et en double billing avec Monsieur René Lévesque, chef incontesté du PQ non encore élu.

Un jeune peuple criait sa révolte, seul sur son île, perdu dans l'océan, cherchant à s'affirmer et n'ayant pas encore appris à le faire sans agression... *Faut que ca sorte quelque part,* comme disait l'autre.

En juin 1973, une idée folle me trottait en tête.

— Dis-moi Paul, quoi de plus appropriée que la Fête Nationale du Québec pour produire une émission spéciale en direct du Vieux-Montréal, avec des artistes jouant *live* devant un grand public, et diffusée sur les ondes de CKVL-FM ?

— Que veux-tu dire, Yves ?

— Tu ne crois pas qu'on marquerait un point important pour notre nouvelle programmation? J'ai passé le week-end au chalet à réfléchir. Coïncidence, Robert Charlebois est arrivé pour nous visiter. Il est cool. J'ai entendu une rumeur. Paraîtrait que sa fête est aussi le 24 juin !

— Non...!

— Oui ! Je peux essayer de joindre son manager, Guy Latraverse, pour vérifier la disponibilité de Charlebois.

— Yves, ce serait fantastique, mais la Saint-Jean c'est dans trois semaines !

— Je vais fixer un rendez-vous avec Guy Latraverse.

Le concept était simple, mais très risqué, et certains diraient carrément fou. Une programmation musicale à la radio totalement québécoise d'une durée de quatre heures, de 8 à minuit, le 24 juin 1973: *Félix, Vigneault, Léveillé, Ferland, Charlebois, Jacques Michel, Claude Dubois, Diane Dufresne, Renée Claude, Pauline Julien, Louise Forestier, Yvon Deschamps, Pagliaro, Nanette... et les autres...*, les plus connus de la musique québécoise *cool*.

En plus, je prévoyais présenter aussi de nouveaux artistes tels les *Séguin, Gilles Valiquette, Georges Thurston, et **Fiori / Normandeau / Valois**,* qui occuperaient une scène à tour de rôle pour quelques minutes, leurs performances étant retransmises en direct de la Place Jacques-Cartier du Vieux-Montréal, sur les ondes de CKVL-FM.

Le public assemblé sur les lieux de l'événement entendrait aussi la programmation musicale entièrement québécoise grâce à deux tours de son.

Le côté fou était d'avoir choisi le cœur du Vieux-Montréal pour présenter cet événement.

L'Occupation d'Octobre était encore fraîche dans la pensée des gens. Et que dire de l'escouade anti-émeute qui avait descendu à coups de matraque la Place Jacques-Cartier, l'année précédente à la St-Jean de 1972 ?

Montés sur des chevaux déferlant la rue Notre-Dame jusqu'au Vieux-Port, de gros bœufs masqués avec casques, boucliers et matraques, les policiers ressemblaient à une légion romaine. Les pauvres bêtes ruminaient fort, il faisait très chaud : elles en grattaient l'asphalte d'excitation.

Tels les barbares de Mongolie, ils avaient percé la foule, frappant à gauche, devant, à droite, partout, ensanglantant les hippies le long de leur parcours funeste comme les couples et gens plus âgés qui s'amusaient paisiblement sur les terrasses entourant la place... L'horreur. J'ai dû courir, de la place Jacques-Cartier jusqu'au Square Victoria : un des gros « bœufs » avait décidé qu'il ne m'aimait pas. Je lui échappai de justesse. Ouf!

Et voilà qu'un an plus tard, j'organisais un spectacle au même endroit. Cauchemar. Je m'étais laissé égarer par l'excitation, par mon ambition et ma folle idée. Charlebois ne vint jamais saluer le public surchauffé qui l'attendait. Il avait un engagement signé depuis longtemps. N'en fallait pas plus pour friser l'émeute. Quand Serge, Michel et Louis jouèrent *Pour un instant*, un groupe décida de mettre le feu à la cabane en bois de l'indou, qui le jour y vendait ses pacotilles.

Ma petite Datsun fit partie de la deuxième vague de défoulement. L'escouade anti-émeute, Dieu merci, ne se pointa pas. « C'est quoi mon problème…? », me dis-je au lever du jour, entouré de dévastation. Quelques corps physiques traînaient ici et là, cuvant leur exubérance. L'émission spéciale de la Saint-Jean 1973, retransmise par le puissant FM de 350,000 watts, avait connu un succès retentissant. Des milliers d'auditeurs avaient entendu *Fiori / Normandeau / Valois*, le trio travaillant à partir de cette Saint-Jean sous le pseudonyme *Harmonium.*

Je ne sais pas lequel des deux, Paul ou moi, était le plus fou. Quand je racontai à Paul comment ma voiture avait été cabossée, après qu'il ait déjà entendu la version des techniciens arrivés à la station avant moi le lendemain, 25 juin 1973, Paul me répondit : « Yves, on continue, tout va bien… ».

***

12

Premier contact avec Warner

Jacques Chénier, directeur général de la branche de *Warner/Elektra/Atlantic* (WEA) au Québec, avait entendu parler de *Fiori/ Normandeau/ Valois*. Son directeur de promotion, *Michel Tremblay,* m'avait visité à CKVL-FM dans les jours qui suivirent le concert de la Saint-Jean.

J'aimais beaucoup le répertoire des artistes des labels de disques affiliés avec la multinationale Warner. Je connaissais l'histoire de cette compagnie à l'esprit indépendant et pionnier, ayant découvert plusieurs artistes de grand talent. Ils étaient les meilleurs en Amérique.

Les superstars de la musique internationale étaient sous contrat avec l'un ou l'autre des labels affiliés à la Warner. Michel Tremblay me laissa une discographie complète des principales nouveautés, des succès déjà classés Top 10 ou Top 40 sur le Billboard, et des classiques de WEA.

J'avais en tête un nouveau projet d'émission spéciale pour les vacances de juillet 1973,[8] portant sur la musique américaine : *Doobie Brothers, Crosby Stills Nash & Young, James Taylor, Carole*

---

[8]   *« L'été Solid Gold ».*

King, Joni Mitchell, Carly Simon, The Allman Brothers Band, The Eagles...

L'émission obtint une écoute surprenante. Jacques Chénier, le directeur de Warner au Québec, m'appela à la station dans les jours qui suivirent mon émission.

— Yves, mon fils Jacques Junior produit des shows dans une grange qu'on a rénovée à Ferme-Neuve. Y'a toujours du monde qui se présente quand Junior organise un show. Le dernier, c'était celui des Séguin. C'est sur ma terre. Il y a aussi une rivière pas loin et suffisamment d'espace pour camper. Tu devrais venir voir, c'est très cool...

Les chansons d'Harmonium s'inscrivaient au cœur même du grand courant international que WEA avait développé et savamment exploité dans le monde entier.

Jacques Chénier avait su piquer ma curiosité.

***

13

La photo du parc

Nous sommes jeudi le 16 août 1973 et le temps est magnifique. « Quelle belle journée pour aller à la chasse aux images », me dis-je, impressionné par la majestuosité des arbres du Mont-Royal et d'Outremont. Quand j'arrivai devant chez Serge, coin Lajoie et avenue Outremont, mes trois bonhommes prenaient un café au balcon.

Je stationnai ma Datsun encore mal remise du cabossage de la dernière Saint-Jean. En traversant la rue je remarquai ces enfants dans la cour d'une école. Je rejoignis mes bonhommes en empruntant les escaliers conduisant chez Serge. Ils étaient là, une tasse de café dans une main, une cigarette dans l'autre et tous avec la même idée en tête : cette photo qui restait à faire.

— Et si on la faisait dans un parc ? Y'a tout ce qu'il nous faut et la musique d'Harmonium va bien avec la nature, pas vrai ?

Nos regards se croisèrent en diagonale. Un silence se fit entendre, ce qui déclencha un rire général. Est-ce que quelqu'un avait eu la même idée que moi ?

Le photographe arriva enfin, un ami de Michel Normandeau, aussi passionné de la photo. Il demande si on a des idées pour la photo. Deuxième éclat de rire général. Décidément, la journée s'annonçait plutôt gaie.

— On a pensé à la faire pas très loin d'ici, à Outremont, un peu plus haut sur la rue Lajoie dans un parc, lui répondis-je.

Nous étions maintenant tous les cinq au milieu du parc avec vue panoramique, chacun cherchant le meilleur endroit, cette partie du parc la plus appropriée pour son décor et son éclairage naturel.

Parmi tous les grands arbres, il y en avait un qui attira particulièrement notre attention. Déployant ses branches majestueuses, il supplantait de sa présence tous les autres. Il avait grandi au flanc d'une pente. D'énormes et solides racines couraient autour de son tronc, à plusieurs pieds de distance.

— C't'un beau spot, dit le photographe.

— C'est *la* place, je pense qu'on a trouvé exactement ce qu'il nous faut.

Un simple banc de parc vert avait été déposé là. Mes trois bonhommes s'y assirent, Serge au centre, Michel sur sa gauche et Louis sur sa droite.

Lussier, notre photographe, ajusta son appareil tandis que *Fiori/Normandeau/Valois* s'amusaient à faire des jokes débiles.

— Fuck, on la fais-tu la photo?

— Hey Louis, t'as l'air d'un gars en vacances avec tes hush puppies.

Shtick! Shtick! Shtick!

— Prochaine fois, j'emmène mon cappuccino.

— J'ai pas pris de chance, j'ai emmené d'autre chose… d'ajouter Michel en observant la réaction de Serge.

Lussier, ce photographe, était bon chasseur. Il sut capter un moment naturel du groupe. L'une de ces photos me servirait à étoffer le dossier de promotion d'Harmonium et se retrouverait au dos de la pochette du premier album éponyme d'Harmonium : « Harmonium ».

***

14

Le Bonhomme

C'est Michel Normandeau qui nous présenta l'image du bonhomme multi-instrumentiste de l'ère médiévale qui deviendra par la suite notre emblème et le thème central de la chanson « *Musicien parmi tant d'autres* ».

Michel avait déniché cette illustration dans un livre, à la bibliothèque de l'Université de Montréal, contenant une série de dessins du genre datant d'une époque lointaine. Harmonium ou la renaissance du ménestrel ? Il n'y avait qu'un pas à faire.

Cette œuvre du domaine public – donc libre de tous droits d'auteur – deviendra notre emblème appuyé par le *leitmotiv*: « *...Des musiciens parmi tant d'autres...* ». J'y ajoutai « *...Une musique pour tout nous autres...* ».

Denise, la copine de Claude Meunier, qui était graphiste, se vit confier la création et l'impression de la toute première affiche du groupe Harmonium. Le bonhomme était maintenant prêt à s'élancer sur l'échiquier et sera longtemps associé à l'image d'Harmonium. De l'époque de la renaissance, il revivra à nouveau. Tel Nostradamus, l'auteur avait-il pressenti que son dessin aurait un jour lointain un aussi beau destin ? C'est bien pour dire... Rien ne se perd, rien ne se créé...

15

Studio Six

J'avais à produire la série d'indicatifs de CKVL-FM pour la rentrée d'automne. Le concept de design sonore publicitaire avait fait ses preuves : prendre la partie la plus accrocheuse d'un succès mondialement connu – souvent le refrain –, modifier légèrement quelques fractions de notes, y greffer ensuite un texte différent, écrit sur mesure, en accord avec la nouvelle mélodie. En somme, l'approche dite *« publicitaire »,* appliquée à un succès # 1 au Billboard des années passées, pour identifier le format *« Solid Gold ».*

En entrant dans le parking de l'édifice du *Studio Six* rue Saint-Antoine, je pris conscience que, depuis mon départ de l'avenue Outremont, ma Datsun cabossée avait navigué sur pilotage automatique, comme par elle-même. La chaleur du soleil, en traversant le vacarme infernal et la pollution de cette ville à laquelle, j'en étais convaincu, je ne m'habituerais jamais, m'incitait à pénétrer dans un endroit frais – un vaste *control room* climatisé à lumière tamisée et euphorisante.

Je m'assis dans une haute chaise capitonnée d'un cuir fin, derrière une belle console d'enregistrement et de mixage, ce qui, immanquablement, me faisait toujours du bien. L'univers captivant et mystérieux de l'invisibilité de la musique, une infinité de vibrations sonores pouvant se déplacer et déclencher une transe… me faisait toujours ce même effet.

« Je plane », me dis-je. Loin, le temps des petits studios de radio où j'allais tard le soir avec ma guitare pour enregistrer mes blues… J'attrapai mon sac de cuir pour y extraire un livre de notes personnelles, dans lequel je transcrivais mes idées – une habitude développée sur la route.

J'apprendrai plus tard qu'une session d'enregistrement qui commence aussi bien est chose rare. J'aimais ce *feeling,* cette ambiance de *« déjà vu »* et l'univers magique des sons.

J'y reviendrai plus tard en 1975, cette fois avec les gars du groupe pour y enregistrer le deuxième album d'Harmonium « Les Cinq Saisons ». Le Studio Six allait devenir notre deuxième maison pendant 3 mois.

***

16

Concert à Ferme-Neuve

Le 18 août 1973, les couleurs cool et odoriférantes des herbes fines et sauvages qui flottaient sous l'éclairage bleu poudre, enveloppaient une scène surélevée occupant le centre d'une grange.

Un silence soudain et mystérieux se fit entendre. Serge, Michel et Louis entraient par la porte centrale de la grange. Des espaces cubiques, qui autrefois séparaient les poules des moutons et les vaches des chevaux, étaient devenus des *«cubiscules»* tamisés uniquement réservés aux spectateurs, avec petite table ronde sur pied, à hauteur appropriée pour s'y appuyer… Des fanaux étaient allumés pour colorer l'ambiance.

Cette atmosphère représentait bien ce qu'allait être plus tard, en plus fort, l'énergie qui était véhiculée lors des concerts d'Harmonium – qu'il faut au moins avoir vu une fois – pour comprendre l'euphorie des spectateurs subjugués, et qui parfois, paraissaient en transe tant ils frappaient tous des mains et des pieds.

En jetant un coup d'œil furtif à son public, Serge saisit sa guitare… J'avais placé la console de sonorisation face au centre de la scène à une douzaine de pieds. Les superbes *« Voice of*

Theater » Altek Lansing que j'avais louées au studio-théâtre de CKVL-FM, sous forme d'échange de services[9], trônaient souverainement aux extrémités de la scène et amplifiaient les harmoniques jouées par Serge et Michel dans l'introduction de la chanson *Aujourd'hui je dis Bonjour à la vie.* *Les* premiers accords de guitare emplirent toute la grange et s'étendirent jusqu'au feu de camp extérieur au milieu de la vallée, un peu avant la rivière.

Le public réagit :

— Wouaow!

Ces mystérieux accords ouverts – sonorités les plus matérielles de la musique des sphères – élevèrent la cinquantaine de spectateurs éblouis... Les hippies planaient !

Un concert inoubliable, un samedi soir magique à la campagne sous la voûte étoilée. Plus j'observais ce public qu'Harmonium attirait, plus je l'aimais. Je voyais la beauté du projet, les résultats instantanés se déroulant en direct devant moi. Étions-nous transportés vers nos *destinées ?*

La réponse plus que satisfaisante des spectateurs m'aidait à voir les modifications à faire à notre parcours et m'indiquait la direction à suivre. J'en étais satisfait, et chaque pas vers l'avant devenait une petite victoire supplémentaire. Le temps, le talent, l'intelligence, la foi et l'appui chaleureux et

---

[9] *En contrepartie, il me fallait produire une émission spéciale.*

spontané des gens devenaient nos alliés. Le phénomène surnaturel qui se manifestait dans la foule me paraissait mystérieux et troublant. Qu'Harmonium ait une âme dans sa musique, il y fallait aussi un cœur et l'esprit pour faire arriver les choses.

Peu après minuit, nous avions quitté le grand feu de camp à ciel ouvert allumé pour le public entre la grange et la rivière, dans la vallée. Le concert se transforma en épluchette de blé d'Inde. La fête continuait. Tous ceux présents célébraient le dernier show de la saison. Bientôt, dans deux semaines, et après la Fête du Travail, la rentrée.

Jacques invita notre petit groupe au complet au salon pour du bon café rehaussé d'excellent cognac. Les présentations faites, il s'empressa de mentionner qu'un retour à Montréal à cette heure ne serait pas nécessaire puisqu'il nous invitait tous pour la nuit. Quatre chambres à coucher étaient disponibles au deuxième étage. Nous acceptâmes avec joie.

— Vous êtes tous très bons les gars, j'aime vos chansons. Ce fut une belle réussite. Félicitations à tous, un toast à ce succès! Je suis certain, ce n'est que le premier. À Harmonium !

— Comment te remercier pour ton hospitalité et cette agréable soirée ? lui demandais-je.

— Parlons d'Harmonium, quels sont vos projets?

Les trois bonhommes tournèrent leurs yeux vers moi.

— Le prochain concert d'Harmonium sera au studio *Son Québec* dimanche prochain, le 26 août. Il sera diffusé par CHOM! me rappelais-je à voix haute.

— WOW! Quelle belle surprise ! s'exclama Jacques.

Mes trois bonhommes sourirent, les copines se détendirent. Jacques proposa un second toast à Harmonium !

Jacques Chénier réalisait l'impact potentiel pour Harmonium d'avoir déjà accès aux deux FM les plus appropriés pour le genre de chansons du groupe. Ce n'était qu'une question de temps, nous le sentions tous.

En ce dimanche *19 août 1973*, nous revinrent enchantés par les réactions favorables et le succès du concert à Ferme-Neuve[10]. Nous avions quitté Ferme-Neuve vers midi, et toutes fenêtres ouvertes, nous sommes descendus progressivement des montagnes des Hautes-Laurentides, nous amusant d'humour débile, riant comme des enfants. J'arrêtai la camionnette-autobus d'écolier jaune devant une pataterie sur la route 117, à Sainte-Agathe. Nous étions tous assoiffés et affamés. Le concert à Ferme-Neuve et les heures qui suivirent nous avaient tous gonflés à bloc.

---

[10] *J'avais loué cette camionnette pour faciliter notre excursion, le transport des instruments, des boites et amplificateurs de son. Je finançais l'expédition.*

17

Le concert à l'église

C'était mon troisième passage dans ce studio magique. J'y allai une première fois pour enregistrer deux de mes chansons. J'y retournai pour assister au lancement d'un album d'Offenbach, auquel j'avais été invité afin d'enregistrer une entrevue avec Gerry Boulet et produire ensuite un documentaire musical sur *Offenbach* pour CKVL-FM.

CHOM diffusait une série de concerts enregistrés au studio *Son Québec* et présentés par *Denis Grondin,* avec qui j'avais travaillé au AM de CKVL les week-ends. Son émission faisait suite à la mienne.[11]

L'évolution professionnelle de Denis l'avait conduit à CHOM où il présentait un concert live, enregistré au studio appartenant à *André Perry* rue Amherst à Montréal, dans une vieille église anglicane rénovée et reconstituée en studio d'enregistrement. En août 1973, ce studio était majestueux à mes yeux.

J'avais contacté Denis afin de lui parler d'Harmonium. J'avais une copie sur ruban magnétique de l'enregistrement du premier concert

---

[11] *Studio Expérience, une émission présentée le dimanche à minuit.*

déjà diffusé sur les ondes de CKVL-FM, une copie de la première affiche, une courte biographie, une photocopie noir et blanc de la photo du parc.

« Si Denis aime ce que Fiori/Normandeau ont fait à deux, il va certainement apprécier Harmonium. Et, j'ai besoin d'un nouveau démo des chansons écrites depuis l'arrivée de Louis Valois, il y a trois mois… déjà! », me disais-je.

L'arrivée de Louis Valois dans le groupe avait rehaussé la performance, la rythmique et la qualité des chansons. Mes trois bonhommes étaient aussi plus assurés.

Le cœur de l'église avait été converti en une superbe pièce acoustique au plafond très élevé de type « cathédrale ». Des boiseries et des tapis de qualité avaient été disposés afin de rehausser l'acoustique du studio. Serge, Michel et Louis étaient assis sur des tabourets, face à la régie [12], et disposés en demi-cercle.

Des microphones de qualité avaient été placés face à eux et au-dessus du trio pour capter leur performance. L'esprit de CHOM flottait dans l'air.

Ce concert d'Harmonium m'aidera à pénétrer le milieu étudiant, les cégeps et universités de Montréal et de ses banlieues, ainsi que certaines places fortes du Vieux-Montréal. Il signalera aussi à certains exécutifs du disque qu'Harmonium est à

---

[12] *En anglais « control room ».*

surveiller de plus près et que *l'harmoniumnisation*, n'est plus qu'une question de temps.

***

L'Harmoniumnisation

Deuxième Partie

18

L'avancée

À travers les événements des derniers mois, ma vision d'Harmonium s'était transformée. Il me fallait une stratégie d'approche nouvelle – l'industrie de la musique ressemblait de plus en plus à un grand échiquier.

Il m'était nécessaire de créer et de développer un plan d'action, qui serait aussi le plan de carrière du groupe, pour le trimestre d'automne et mettre en place une structure administrative pour gérer mes activités et celles du groupe. Le 25 septembre 1973, je fondai *Concept-Québec*, société de gestion artistique à travers laquelle toutes les affaires du groupe seraient désormais traitées.

Je décidai d'une avancée stratégique : d'abord, approcher les cégeps et universités, le cœur du public d'Harmonium. Je visais le réseau québécois des auditoriums, la radio et la presse du milieu étudiant pour alimenter et propager notre avancée. J'avais la claire intention de me faire des alliés précieux avec les agents socioculturels du milieu étudiant du Québec. Parallèlement, je devais contacter les exécutifs des maisons de disques à Montréal et à Toronto.

Les prestations publiques du groupe étaient déjà supportées par une campagne d'information sur les ondes de CKVL-FM. Un communiqué d'information concernant les activités du groupe était aussi envoyé pour chaque événement à différents journaux. J'informais mes amis travaillant dans d'autres stations de radio. Les agents de promotion des compagnies de disques, qui me visitaient à chaque semaine à la station pour me présenter leurs nouveaux disques, m'aidaient à maintenir un contact régulier avec les décideurs du disque.

***

La grande rentrée

Comme premier pas vers le milieu étudiant, je contactai le département des activités socioculturelles de *l'Université de Montréal* et je proposai un projet spécial au directeur **Claude Valois** [13]: une émission soulignant la *Rentrée à l'Université de Montréal*, avec des reportages en direct sur les ondes de CKVL-FM et une programmation musicale conçue sur mesure, diffusée tout au long de la journée de cette rentrée d'automne 1973.

Ce concept me permettait d'aider autant la cause d'Harmonium que celle de CKVL-FM. J'obtins de Claude Valois qu'il programme un spectacle du

---

[13] *Aucun lien de parenté avec Louis Valois du groupe Harmonium.*

groupe Harmonium sur le campus universitaire, en soirée, dans le cadre des activités de la rentrée.

Claude avait entendu le concert d'Harmonium sur CHOM et appréciait sa musique. En fin de compte, c'est aussi le public étudiant qui en bénéficiait. En plus d'agrandir mon réseau de contacts, cette expérience m'aida à me familiariser davantage avec le milieu socioculturel à Montréal et avec le public visé par la musique du groupe.

J'avais assuré Claude Valois d'un maximum d'annonces promotionnelles diffusées sur le FM. Tous les coûts pour le son, l'éclairage et la sécurité, incluant le cachet du groupe, étaient couverts par le budget du département socioculturel de l'université.

Mes trois bonhommes se présentèrent donc le 25 septembre 1973 au Centre Sportif de l'Université de Montréal pour ce concert en plein air. Il y avait foule, une joyeuse fête pour des milliers d'étudiants qui s'éclataient et qui firent ce soir-là une intéressante découverte, Harmonium et sa musique. Ce que nous ignorions tous c'est que le groupe y retournerait à trois reprises, dont la dernière fois en 1975.

***

Le réseau étudiant

C'est en ce point de l'histoire que commence notre aventure dans le réseau collégial et universitaire à Montréal et dans les villes régionales intermédiaires ; il me fallait affronter une réalité difficile à gérer. Mes bonhommes voulaient travailler. Pourtant, le temps nécessaire à finaliser des engagements ne me permettait pas de remplir soudainement l'agenda du groupe. Rome ne s'est pas construite en un seul jour.

Entre le 18 septembre et la fin d'octobre 1973, les responsables des départements socioculturels suivants furent contactés à diverses reprises: à Montréal, les cégeps Ahuntsic, Bois-de-Boulogne, Marie-Victorin, Vanier, Maisonneuve, Montmorency, du Vieux-Montréal, Saint-Laurent ; en banlieue, les Cégeps Ste-Thérèse, Édouard-Montpetit, Saint-Jérôme, St-Hyacinthe ; dans les villes régionales, les Cégeps Champlain à Sherbrooke et ceux à Shawinigan, Drummondville *et* le Séminaire de Trois-Rivières. Pour donner suite à l'élan du concert à l'UDM, je contactai l'UQAM, les universités de Sherbrooke et Laval à Québec. Harmonium se présentera plus tard à chacun de ces endroits.

Malgré les résultats positifs du passage d'Harmonium au Centre sportif de l'UDM, il y avait toujours ce délai de temps nécessaire entre l'initiation d'un contact, l'établissement d'une communication régulière et la finalisation d'un contrat d'engagement.

J'espérais tirer avantage du momentum et de la synchronicité en utilisant les mois de septembre et d'octobre pour finaliser des engagements dans le milieu étudiant, et aussi remplir l'agenda du groupe en novembre et décembre 1973. La planification devait donc se limiter à l'utilisation tactique du très court terme, en exploitant au maximum mon levier, CKVL-FM, la puissance de son antenne et sa popularité ainsi que les réactions favorables accumulées auprès du public pour le groupe.

La meilleure façon d'aider la cause d'Harmonium était de faire en sorte que ses chansons soient entendues par le public visé, les jeunes adultes, et d'évaluer les réactions des spectateurs afin d'améliorer l'interprétation des chansons et la présentation visuelle du groupe sur scène.

Tout deviendrait moins difficile pour mes bonhommes et moi, lorsque viendrait le temps des sessions d'enregistrement du premier album. Pourtant, je ne savais pas encore en septembre 1973 à quel point les concerts répétés nous aideraient, quelques mois plus tard – en janvier 1974 –, à créer en studio un album avec une enveloppe sonore aussi pure, naturelle et spontanée tel que publié sur le label *Celebration* (CEL-1893).

***

19

L'Hôtel Nelson

Harmonium avait fait une vague et laissé un souvenir de son passage du 24 juin 1973 sur la Place Jacques-Cartier du Vieux-Montréal. Ainsi, le deuxième engagement d'Harmonium sur la Place Jacques-Cartier eut lieu lors d'un spectacle double avec le groupe Caramel Mou, géré par un ami, Claude Lusignant, au café-bar L'Imprévu de l'Hôtel Iroquois.

Je décidai d'en tirer avantage en me concentrant sur la possibilité de conclure une entente pour quelques engagements à l'Évêché de l'Hôtel Nelson[14], situé juste en face.

J'entrai au Nelson, un vieil hôtel portant le nom d'un amiral célèbre, pour la première fois. Une musique tripante était diffusée. Ils écoutaient CHOM. Il me faudrait bien convaincre quelqu'un de l'Évêché de syntoniser CKVL-FM. Mais là n'était pas le but de ma visite.

Cet Hôtel-café-bar-crêperie m'inspirait. Je commandai une bière. Devant moi, j'avais cette belle serveuse hippie qui, tout sourire, me donnait la soif. Je me sentais bien entre ces murs historiques.

---

[14] *Le premier engagement d'Harmonium à l'Évêché fut le 19 septembre 1973.*

Pourquoi ? La petite voix intérieure me disait qu'ici pouvait continuer à se propager notre destinée. Je demandai à l'ange en robe paysanne s'il était possible de parler au manager.

— Ah ! Tu veux dire la gérante, man ?

Lorsqu'elle se présenta à ma table, je remarquai ses longs cheveux noirs, bleutés et soyeux. Mince et souriante, elle devait avoir mon âge ou presque. Comment résister? Je me présentai.

— Mon nom est Yves Ladouceur, je travaille à CKVL-FM et je suis le manager d'un groupe qui s'appelle Harmonium. Je me disais qu'on pourrait peut-être discuter de l'idée que mes bonhommes jouent ici.

— Cool! J'ai entendu ce groupe, un soir, sur CHOM. Faudrait qu'ils viennent jouer ici, c'est vrai, sauf que notre budget est limité. On peut les essayer, voir la réaction de notre clientèle et on pourra ensuite discuter d'un prix.

— OK! Quand?

Je n'avais pas encore parlé de cette idée à Serge, Michel et Louis, mais je sentais que la musique du groupe avait sa place entre ces murs historiques. J'avais bien l'intention de saisir l'opportunité au vol!

Il ne faut surtout pas s'imaginer à ce point de l'histoire qu'Harmonium « était au monde ». Il était né, c'est vrai, bien vivant aussi, et sa musique touchait certaines cordes sensibles des spectateurs ayant assisté aux prestations publiques du groupe.

La nouvelle de son existence se propageait rapidement, mais tout restait à faire. Nous en étions encore aux premiers balbutiements du « Ménestrel ».

La clientèle de *l'Évêché du Nelson* était très spéciale. Beatniks, hippies, intellos et artistes s'y rejoignaient quotidiennement pour discuter autour d'une table. Certains jouaient aux échecs, d'autres lisaient. De jeunes couples, retirés dans un coin sombre, se regardaient « dans le blanc des yeux ». Quant à la musique, omniprésente, elle était toujours excellente, qu'elle provienne du récepteur FM de la place ou de la petite scène dénudée de type « boîte à chansons », autour de laquelle les hippies planaient.

La gentille manager me précisa que nous devions fournir notre système de son. À mon retour à la station, je parlai à Paul Tietolman. Les frais de location du système seraient déduits plus tard sur mes honoraires pour la production d'une *Anthologie Beatles*. Paul accepta.

C'est ainsi qu'Harmonium se présenta au Nelson, pour la première fois, le 19 septembre 1973. Le soir de son premier passage, pendant que j'installais le système de son et les microphones, j'observais les gens. Quelques tables étaient occupées. Il n'y avait pas foule mais il était encore tôt. À 10 heures de la soirée, la petite salle était pleine. L'entrée était gratuite, la bière savoureuse, et la performance d'Harmonium magique.

***

20

Le « Québec-Presse Chaud 2 »

La politique fondamentale de *Concept-Québec* étant de propager Harmonium, et pour moi, la musique ne devant pas devenir de la politique, le mouvement nationaliste qui fit suite à la Révolution Tranquille ne pouvait paradoxalement être ignoré, ni séparé du jeune public visé par le plan de promotion et la stratégie du plan de carrière du groupe à très court terme. Tout naturellement lié, si l'un de ces deux éléments bougeait, il déclenchait le mouvement de l'autre. J'avais bien l'intention de ne pas l'ignorer mais de tirer avantage de cette poussée nationaliste naturelle, particulièrement chez les jeunes adultes Québécois. Je devais « *harmoniumniser* »!

Le « principe du levier » me servit une fois de plus. J'avais négocié avec un journal indépendantiste et souverainiste : *Québec-Presse,* qui s'apprêtait à célébrer son deuxième anniversaire d'existence. Ce journal nationaliste avait publié des articles rédigés par les grands auteurs et journalistes du Parti Québécois.

Comme le PQ, Québec-Presse avait plusieurs lecteurs, tous nationalistes, souverainistes, indépendantistes, ou au pire felquistes. Comme l'année précédente, les décideurs avaient décidé d'organiser un deuxième grand rassemblement de la jeune masse péquiste.

En cette soirée du samedi 6 octobre 1973, le *Centre Paul Sauvé* était plein à craquer. La liste des artistes ayant accepté de s'y produire « gratuitement », ou presque, incluait : *Claude Dubois*, le groupe *Octobre*, les *Séguin*, *Pauline Julien*, *Raymond Lévesque*, *Alan Stivell*, le populaire *Réal V. Benoit* [15] et **Harmonium**.

Ce n'est qu'à la dernière minute, la veille du concert, que les responsables de Québec-Presse acceptèrent finalement d'inclure Harmonium sur la liste des invités. Malgré ma détermination, je ne voulais pas utiliser mon rôle à CKVL-FM pour forcer la participation du groupe en les imposant aux responsables de la production du spectacle. C'est ce qui explique pourquoi le nom du groupe n'a pas été mentionné dans la publicité entourant l'événement.

Une entente d'échange de publicité, entre la station et le journal *La Presse,* avait aussi aidé à annoncer l'événement et sa radiodiffusion à coups de pages de publicité, sans compter les efforts déployés par l'équipe de propagande du PQ. La formule était gagnante.

C'est le lendemain dimanche 7 octobre 1973 que l'émission fut diffusée, avec succès.

***

---

[15] *Auteur et interprète du fameux succès « Lâche- pas la patate » !*

21

L'Anthologie des Beatles

Journal personnel...

Verdun, 9 octobre 1973. C'est la journée du meeting hebdomadaire avec Paul à CKVL-FM. Nous avons utilisé la grande salle de conférence du deuxième. Paul est très satisfait des derniers sondages FM. Jusqu'ici, nos efforts ont porté fruit et les sondages démontrent clairement la popularité grandissante de la station. Nous sommes # 2, juste derrière CHOM à certaines heures d'écoute, alors que les documentaires et spéciaux nous classent en première position. Paul m'a donné « carte blanche » pour la création et production de spéciaux et de nouveaux documentaires musicaux. Mon problème principal est de faire le tri parmi toutes les idées et projets spéciaux que j'ai en tête. J'ai arrêté mon choix sur trois projets spécifiques : l'Anthologie complète de la carrière des Beatles, un spécial sur la musique du Québec et, une radio-série de concerts enregistrés à partir d'un nouveau studio d'enregistrement (Tempo) qui ne présentera que des artistes québécois. Le titre est « Performance ».

Tout comme Fiori, je suis un fan inconditionnel des Beatles depuis 1963. J'ai étudié et joué leurs chansons, alors que je faisais partie d'un groupe avant mon début dans la radiodiffusion. J'ai lu et relu un tas de livres et de magazines les concernant. Leur histoire est imprégnée dans ma mémoire. Le temps de produire ce documentaire était plus qu'approprié. Il n'y avait pas si longtemps qu'ils s'étaient séparés.

La base du documentaire reposa sur une collaboration entre CKVL-FM, la *BBC* [16] de Londres qui nous fournit tous les enregistrements des interviews qu'elle avait réalisés avec les Beatles, Brian Epstein, leur manager, Derek Taylor, chargé des relations de presse, et George Martin, leur producteur. Une collaboration avec ABC à New York nous permit d'obtenir tous les enregistrements d'interviews avec le Fab Four, lors de leurs passages en Amérique. La littérature vint de la France.

Paul fit venir de la côte Ouest un jeune canadien anglais, originaire de Montréal, *Steve Grossman*[17] . Steve avait quitté Montréal très tôt pour faire de la radio à Vancouver – sous l'appellation *Little Steve*. Il descendit ensuite en Californie et travailla une saison dans l'équipe de Mike Nichols, le réalisateur du film « Mrs. Robinson ».

Steve fut chargé du dossier de la ABC à New York. Paul se chargea de la BBC de Londres. J'assumai l'écriture, la narration et réalisation. Ce

---

[16] *British Broadcasting Corporation.*
[17] *Steve Grossman deviendra mon associé dans Disques Magique Records et nous produirons ensemble les grands succès de Boule Noire et Toulouse de 1976 à 1979.*

spécial d'une durée de quatre heures fut diffusé en octobre 1973, et fortement apprécié par plusieurs auditeurs qui contactèrent la station.

Grâce à la production de l'Anthologie des Beatles, Steve Grossman allait entrer en scène pour jouer tout d'abord un petit rôle avec Harmonium, et plus tard, un plus grand rôle grâce à notre association dans les Disques Magique.

***

22

Les Éditions / Productions Harmonium

C'est le jeudi, 11 octobre 1973, après discussion avec les membres du groupe, que je rencontrai Claude Brunet de la CAPAC[18] afin d'enregistrer les œuvres musicales de Serge Fiori et Michel Normandeau auprès de cette société représentant les auteurs, compositeurs et éditeurs canadiens.

À noter que, malgré son implication dans la création d'une majorité des chansons du groupe, Louis Valois n'était pas inclus dans le partage des redevances de droits d'auteur.

Pourquoi? J'avais longuement discuté de ce sujet avec Serge et Michel, d'une part, et Louis d'autre part. Je trouvais étrange que cette négociation à l'amiable ne permette pas à Louis d'assister aux discussions sur ce sujet fondamental et vital. L'opinion de Serge et de Michel était que Louis n'écrivait pas de textes, n'avait pas participé à la création des quatre premières chansons et que les mélodies « initiales » des chansons additionnelles avaient été écrites par eux. Sur le sujet, Serge Fiori ne démontrait que très peu de flexibilité. Son attitude était celle de quelqu'un qui « surprotège » ses

---

[18] *Aujourd'hui la SOCAN*

intérêts personnels, alors que le sujet était, selon moi, d'ordre professionnel.

Ce dilemme, cette radicale différence de point de vue, allait ensuite hanter les meilleurs intérêts du groupe, les miens, et ceux de Concept-Québec et des Éditions / Productions Harmonium jusqu'à la fin, comme une pomme pourrie qui, à elle seule, corrompt jusqu'à étouffer celles autour encore en bonne santé.

Mon point de vue était le suivant : je croyais sincèrement que Louis méritait au moins d'avoir un droit « limité » aux redevances pour le droit d'auteur des mélodies. Je savais qu'à partir du jour où la mélodie est créée pour la toute première fois, cette dernière évolue avec l'apport des autres; en d'autres mots, la mélodie d'une chanson changeait et se modifiait à partir du moment où Serge Fiori en collaboration avec Michel Normandeau arrivaient à une répétition avec Louis Valois qui, par la force des choses, apportait ses idées créatrices et son énergie, ce qui logiquement améliorait et transformait cette mélodie.

Donc, n'avait-il pas droit à sa petite part des redevances collectées et payées aux Éditions / Productions Harmonium par la CAPAC pour chacune des mélodies sur lesquelles il avait travaillé créativement et musicalement? Selon moi, Louis y avait droit. J'avais longuement réfléchi à la situation et je m'étais informé aussi auprès d'experts. C'est pourquoi je m'étais efforcé jusqu'à la dernière minute des négociations, auxquelles Louis n'assistait pas, de défendre son droit sans usurper ceux de Serge et de Michel. Un louable effort fait en vain, les voix de Serge et de Michel réunies étant plus « fortes » que celles de Louis et moi.

En considération des meilleurs intérêts de tous, j'en conclus que, dans un tel climat de négociation, je devais éviter de tenter d'obtenir les droits d'édition pour Concept-Québec et les enregistrer plutôt à la CAPAC sous propriété de : Les Éditions/Productions Harmonium.

Autrement dit, Serge et Michel conservaient la totalité de la part auteur et compositeur, et en plus, la part dite « éditoriale » liée directement à l'exploitation commerciale de leurs chansons reviendrait aux Éditions Harmonium. Louis Valois aurait donc droit alors à un certain pourcentage des redevances pour les droits d'édition.

Ainsi structuré, le partage des redevances semblait plus équitable. Louis eut droit à 20%, Serge à 36%, Michel à 26% et Concept Québec, agissant comme manager des Éditions/Productions Harmonium, à 18%.

Pourtant, il me resta un goût amer de ces premières discussions légales, administratives et financières. Je sentais qu'une bombe à retardement sommeillait en attendant d'être déclenchée par un événement futur.

***

23

À la Casanous

Samedi, *20 octobre 1973*. La Casanous, c'était complètement fou !

Pierrot le Fou était un auteur et poète, racontant des histoires sur musique improvisée, bien assis dans sa chaise de barbier, trônant au cœur de la **Casanous**. Le genre d'endroit qui semble vivre à côté et au-delà de l'espace-temps.

Situé au 2e étage d'un vieil immeuble sur la rue Sherbrooke à l'ouest de l'avenue du Parc, c'était un endroit unique en son genre, complètement plané, un refuge où chaque soirée était un véritable happening. C'est là que mijotait la fine fleur des hippies, artistes, musiciens, peintres, poètes, prophètes de la contre-culture.

Pierrot, qui avait entendu Harmonium la toute première fois au show de télévision de Géo puisqu'il faisait aussi partie des artistes y apparaissant, m'accueillit en m'offrant une Black Label. Le temps d'une bière et nous avions une entente. Harmonium se présenta à la Casanous en octobre et novembre 1973.

***

24

L'audition du Patriote

Un dimanche gris et pluvieux, mes bonhommes et moi avions convenu de nous réunir en début d'après-midi afin de discuter, échanger des idées et se préparer psychologiquement à l'audition programmée à 15 h avec Percival Bloomfield et Yves Blais, au Patriote, rue Sainte Catherine à Montréal – la mecque de la chanson « d'auteur ou à texte » de la musique originale québécoise : Félix, Vigneault, Lévesque, Léveillé, Ferland, Dubois, Charlebois, Deschamps, Forestier, Julien, etc. Presque tous les artistes professionnels de la chanson québécoise s'étaient produits, au moins une fois, au Patriote de Montréal.

Réussir à inscrire Harmonium en première partie de Félix Leclerc, dans un spectacle-double, principe étant déjà solidement implanté dans la programmation régulière des artistes et spectacles populaires de l'époque, était un pas de plus vers la matérialisation de nos objectifs. Gagner cette audition permettrait au ménestrel d'avancer d'un pas sur l'échiquier.

Comme Bobino à Paris, cette « mecque », cette scène à la fois mythique et lumineuse par la qualité de ses spectateurs, représentait une plate-forme reconnue et nécessaire pour les artistes dans la jeune industrie de la chanson francophone du Québec. Un succès au Patriote procurait une forme de reconnaissance et pouvait résulter à un accès moins difficile à la presse écrite et à d'autres médias de masse.

Comme le Patriote de Sainte-Agathe, celui de Montréal, l'original, a une salle dont l'intérieur est recouvert de boiseries et de « bois de grange ». Petites tables à quatre, nappe rouge, éclairage de base, chandelles, et le noir…, ainsi qu'une petite scène dont les vibrations habitent l'espace et une clientèle de qualité.

Dès que Serge, Michel et Louis furent installés sur cette scène, dont les murs et le plancher étaient peints de noir, et que l'éclairage de base tamisait d'une couche lumineuse bleutée, telle celle de la lune, Serge fit vibrer les fameux accords d'harmoniques aériennes qu'il savait si bien créer à la guitare. Tous trois se regardèrent et un sourire éclaira leur visage. Une lumière s'alluma dans leurs yeux. Ils se tournèrent vers moi. J'étais à la première rangée, à l'une des tables devant le centre de la scène. Yves Blais était assis sur ma droite. Je le regardai, il sourit aussi.

Pour le genre de musique que faisait Harmonium – les chansons du premier album –, l'acoustique du Patriote était superbe. Les boiseries apportaient, de leurs réflexions sonores, une chaleur aux guitares acoustiques étincelantes.

Harmonium ne fit que trois chansons. Yves Blais avait pris sa décision. L'audition représenta pour nous une victoire symbolique, telle une étoile nous guidant dans la nuit.

Nous nagions *avec* – et *non* contre – le courant. Nos destinées s'accomplissaient.

C'est plus tard, en mars 1974, qu'Harmonium allait, avec Félix Leclerc, y présenter le plus beau, vrai et authentique concert intime de toute sa carrière.

Nous en étions au 4 novembre 1973. Louis n'était avec Serge et Michel que depuis sept mois à peine. Harmonium n'existait que depuis le 24 juin 1973, soit depuis cinq mois, et je connaissais Serge et Michel depuis neuf mois. Faire la première partie de Félix Leclerc au Patriote était un honneur. Le premier…

***

25

« Spécial Québec »

Comparer l'industrie de la musique au Québec de l'an 2000 avec celle des années '70 serait une grave erreur. Les deux contextes sont tellement différents. Le rock québécois était encore tout jeune : Pagliaro, Offenbach, Dyonisos, Ville Emard Blues Band, Morse Code et Charlebois. Dans le pop en général, les chansons à texte avaient délogé les traductions et les versions françaises des succès américains et britanniques par les artistes de la « chanson à texte », tels Félix Leclerc, Gilles Vigneault, Raymond Lévesque, Pauline Julien, Renée Claude, Diane Dufresne. Dans le « folk-pop », il y avait le duo les Karrick et quelques artistes pop-rock tels Claude Dubois et Jean-Pierre Ferland. Ginette Reno, Pierre Lalonde, Donald Lautrec et Michel Louvain avaient traversé les années '60.

En 1973, il n'était pas évident de faire du « pop-rock » francophone sur FM à Montréal. C'est avec des artistes comme les Séguin, Harmonium, Beau Dommage, Manège, Octobre… que le folk, le pop et le rock moderne s'exprimaient en français ; et, le marché des jeunes adultes s'ouvrait comme les pétales d'une jolie fleur, le Peace & Love et la bonne musique. Voilà ce dont avaient besoin les jeunes adultes du Québec.

Suite au succès retentissant remporté par le documentaire sur les Beatles, une anthologie de la musique québécoise semblait être une idée valable, même si le répertoire pop-rock francophone de qualité était très limité. CKVL-FM s'était associé au « Québec Presse Chaud 2 », et cette collaboration avait été très bien acceptée, en général, la corde sensible devait continuer à bouger. Je présentai en novembre 1973, un spécial Québec d'une durée de 4 heures qui inclurait Harmonium.

***

26

Le show de la tempête

Jusqu'ici dans l'histoire, la prédestination nous avait courtisé. Jamais je n'aurais imaginé le coup de masse qu'elle me réservait. C'est à travers une de mes premières expériences en production de spectacles, à l'auditorium du Cégep du Vieux-Montréal, le *15 novembre 1973,* et par la force des choses, que je décidai de m'impliquer dans cette production.

Harmonium avait besoin de travailler devant le public pour améliorer l'interprétation de son répertoire, apprendre à travailler l'ordre de la présentation de ses chansons, communiquer avec le public, enfin tout ce qui compose la présentation visuelle du spectacle. Ayant encore un vide dans l'agenda du groupe, et n'ayant aucun contrat d'engagement, je décidai de produire un événement en présentant ***Beau Dommage*** avec ***Harmonium***, un double, à l'auditorium du Cégep du Vieux-Montréal.

La neige commença à tomber doucement vers le milieu de l'après-midi. Je quittai la station vers 16 heures à Verdun. J'avais loué à nouveau le système du studio-théâtre de CKVL et programmé l'arrivée des deux groupes à 17 heures afin de procéder aux tests d'éclairage et de sonorisation. C'était une salle de quelques centaines de sièges. J'avais vu grand, et forcé le temps.

Durant mon trajet sur la route, la neige tombait de plus en plus, balayée par un blizzard soudain. Ma vieille Datsun, bousculée par ce début de tempête, semblait « toussoter » son dernier souffle. Ce qui normalement me prenait 30 minutes grugea 90 minutes de mon temps.

Quelle ne fut pas ma surprise de constater que j'étais. le premier arrivé ! Aucun des musiciens n'était encore là. Ils arrivèrent, essoufflés et nerveux une heure après moi, eux aussi retardés par ce qui était devenu une véritable tempête de neige.

Ce fut le stress de l'attente. Sur toutes les radios, on annonçait la tempête du siècle. Les météorologues ne l'avaient pas vu venir. Qui aurait pu prédire ? C'est heureux, en un sens, que nous ayons eu jusqu'à 21 heures en soirée pour ajuster le son et l'éclairage.

C'est alors qu'une cinquantaine de jeunes braves – *ceux pognés au cégep* comme nous tous – décida d'acheter un billet d'entrée. J'avais à peine cent personnes dans la salle, moins que vingt pour-cent de sa capacité, et j'avais dû louer cette salle, acheter de la publicité dans les journaux, faire la promotion, installer des affiches, etc. En d'autres mots, j'avais hypothéqué ma paye du mois. Les cadeaux seraient rares pour la Noël de 1973. Alors qu'à l'extérieur, les gens avaient de la neige jusqu'à la taille et que les rues étaient bloquées, moi, j'étais dans la merde jusqu'au cou! Vous voyez la scène… ?

Cependant, il y avait un aspect positif à cette folle histoire. Ce fut la première fois que les membres de *Beau Dommage* et d'*Harmonium* eurent l'occasion de travailler ensemble. Il existait alors une saine compétition entre les deux, qui s'adressaient au même public. Ils commençaient aussi à se présenter aux mêmes endroits. Serge Fiori avait déjà rencontré Michel Rivard, lorsqu'ils étudiaient au Cégep Bois de Boulogne.

La soirée avançait et je ne pouvais plus retarder ma décision : devais-je reporter le spectacle et rembourser les spectateurs ou faire le show quand même ? Une vraie torture mentale. Je consultai tous les artistes et quelqu'un proposa de faire un vote général. Certains me demandèrent s'ils seraient payés malgré la tempête. Je répondis oui. [19] À ma grande surprise, sur les dix personnes qui votèrent, sept acceptèrent de faire le spectacle. J'acquiesçai.

Musicalement, ce fut un très beau spectacle. Une véritable magie s'empara de la scène et des spectateurs. Nous en oubliâmes tous la tempête.

J'avais tiré plusieurs leçons du spectacle de la tempête du 15 novembre. L'idée de combiner Beau Dommage avec Harmonium démontra que ces deux groupes s'harmonisaient bien et que les spectateurs appréciaient la formule du spectacle en double.

---

[19] *Ils furent tous payés dans les jours qui suivirent, sans exception.*

Lorsque le gérant du groupe *Manège* me proposa de combiner un spectacle de son groupe avec celui d'Harmonium, le *30 novembre 1973* au Cégep Bois de Boulogne, j'acceptai immédiatement. Mes trois bonhommes se surpassèrent et laissèrent une excellente impression sur le public. Je félicitai le gérant de Manège pour l'excellence de son groupe. Ce spectacle nous rendit notre espoir. La tempête était loin.

Avec le spectacle, la stratégie d'approche que j'utilisai comportait également, et sinon plus, l'obtention d'un contrat de disques.

***

27

Novembre 1973

Novembre fut le mois le plus chargé pour les engagements d'Harmonium sur la scène publique depuis le début du groupe. La promotion et les efforts déployés au cours de septembre et octobre 1973 commencèrent à être récompensés.

L'audition réussie d'Harmonium au Patriote au début novembre, un concert harmonieux chez les hips du cégep de Drummondville le 9 novembre, le double spectacle présenté par Beau Dommage et Harmonium le 15 novembre au cégep du Vieux-Montréal, un engagement au Cégep Vanier le 23 novembre et un double-spectacle présenté avec le groupe Manège le 30 novembre, furent tous des engagements constructifs qui permirent de propager la musique du groupe. C'est aussi en novembre 1973 que des spectacles et des concerts à être présentés à une date ultérieure, durant le premier trimestre de 1974, seront finalisés.

Ma petite stratégie de l'encerclement – l'harmoniumnisation – a créé une demande encore limitée, certes, mais très réelle parmi les médias, le milieu collégial et universitaire, le public des jeunes adultes et chez certaines compagnies de disques.

À la fin novembre 1973, Harmonium interprétait toutes les chansons du premier album. Une étape majeure s'ouvrait à nous. C'est pourquoi, en novembre 1973 je débuterai ma recherche parmi les compagnies de disques qui résultera en l'obtention et la signature du premier contrat de disques avec le label Celebration de Quality Records, le *12 décembre 1973*. L'album éponyme « Harmonium » sera enregistré en 7 jours seulement au début de janvier 1974.

Laissez-moi vous parler des compagnies de disques qui « passèrent tout près, mais à côté ».

***

Capitol

C'est avec la célèbre division nord-américaine de la puissante E.M.I. de Londres, Capitol Records du Canada, et son responsable « Artiste et répertoire »[20], Pierre Dubord, que j'établis un premier contact. Le *25 septembre 1973*, j'invitai Pierre Dubord à une audition privée des chansons d'Harmonium, chez Serge Fiori à Outremont.

Fondamentalement, il y avait deux catégories d'artistes du disque : ceux faisant des 45 tours et ceux faisant des albums. Félix, Charlebois, Dubois, Ferland et d'autres faisaient d'abord un album

---

[20] *Les anglais disent « A & R » Manager.*

complet, à partir duquel la compagnie de disques extrayait un ou deux 45 tours. Alors que les premiers faisaient du pop très commercial, des chansons courtes et sucrées, ceux de l'autre catégorie faisaient des œuvres musicales plus longues et conceptuelles, plus artistiques, et moins commerciales.

C'est à cette dernière catégorie qu'appartenaient les chansons d'Harmonium. Dès le départ, mes bonhommes et moi avions choisi une politique très claire à ce sujet : pas question de faire des 45 tours, nous devions commencer avec un album-concept.

J'avais rencontré Pierre Dubord chez Capitol le 30 août 1973. Une deuxième rencontre eut lieu le 25 septembre, par une belle matinée ensoleillée.

Pierre Dubord arriva chez Serge vers 10 h 30. Serge, Michel, Louis et moi étions déjà réunis depuis une heure, pour répéter trois chansons originales qui seraient interprétées pour Pierre Dubord : « *Pour un instant* », « *Si doucement* » et « *Cent mille raisons* ».

Dès la première chanson, Pierre sembla convaincu. Il souriait, et apporta des commentaires très positifs. Mais, il y avait un « mais »; il ne semblait pas convaincu que les exécutifs du siège social de Capitol à Toronto accepteraient que le groupe fasse un album concept dès le départ.

— Une chose est certaine les gars, *Pour un instant* a beaucoup de potentiel et pourrait connaître un gros succès sur 45 tours.

Il ne suffit que d'un regard entre mes bonhommes et moi pour en venir à une conclusion rapide.

— Pierre, c'est un album complet ou rien ! rétorqua Serge.

Le ton moqueur de Serge saisit Pierre, qui me consulta du regard. Je devais tempérer.

— Tu sais Pierre, Harmonium a d'autres chansons qui sont aussi intéressantes que *Pour un instant*, dont certaines sont peut-être, et même plus, intéressantes. Nous ne croyons pas que le groupe ait l'image d'un artiste à 45 tours. Certaines chansons dépassent largement la durée standard d'une chanson de trois minutes.

— Laissez-moi consulter Toronto, les gars. Yves, je te reviendrai avec une réponse.

Quelques jours plus tard, la décision des exécutifs de Capitol à Toronto confirmait l'opinion de Pierre Dubord. Ils croyaient au groupe, mais suggéraient une approche à plus long terme pour en arriver à un album complet. Ils nous proposèrent deux disques 45 tours, ce qui fut refusé, illico.

***

Disques Barclay

Guy Latraverse, grand patron de Kébec-Spec, avait fait parvenir à CKVL-FM une invitation m'étant adressée pour le cocktail du lancement du nouvel album de Claude Dubois, l'un des artistes dont il gérait la carrière et produisait les spectacles. Ce cocktail, dans un resto du Vieux-Montréal, le lundi 13 août 1973, me permit d'arranger une rencontre dans les jours qui suivirent au bureau de Guy, Place Jacques-Cartier.

Lorsque je m'y présentai, j'avais une double proposition à lui faire : impliquer ses artistes dans le Spécial-Québec que je désirais réaliser à l'automne pour CKVL-FM, et lui introduire Harmonium. Je lui laissai le projet, la première biographie et une copie sur ruban magnétique du concert de Fiori et Normandeau enregistré à CKVL-FM.

Je dois souligner l'accueil sympathique que m'accorda Guy chez Kébec-Spec. Il prit le temps de m'entendre, de poser des questions et de regarder le dossier de promotion du groupe.

J'aimais beaucoup les chansons et le style de Claude Dubois et des artistes de Kébec-Spec. Et puisque ce dernier venait de lancer son nouvel album, j'en profitai pour réaliser et diffuser une courte anthologie de deux heures sur sa carrière, et de programmer en rotation élevée quelques-unes des chansons de ce nouvel album. C'était, bien sûr, un clin d'œil adressé à Guy Latraverse et à Kébec-Spec.

Guy fut très honnête. Il m'appela à la station pour m'expliquer qu'il n'avait pas encore sa maison de disques (Kébec-disque), ce qui d'ailleurs n'allait pas tarder, et que les disques de ses artistes étaient publiés sur l'étiquette des Disques Barclay — compagnie de disques de la France ayant une branche au Québec, laquelle regroupait aussi des artistes français reconnus, populaires et prestigieux.

Paul Tietolman et moi étions impressionnés et favorables au beau travail que Guy faisait avec cette nouvelle génération d'artistes « faits au Québec à 100% ». Nos efforts à promouvoir sur CKVL-FM la nouvelle musique québécoise le démontraient.

Guy Latraverse me suggéra de contacter directement les Disques Barclay à Montréal. Je contactai ces derniers et obtins un refus. Ce n'est que deux ans plus tard que Guy m'invita à discuter d'une alliance entre Concept-Québec et Kébec-Disque, en m'offrant de devenir son associé dans Kébec-Disque.

***

Polydor

C'est le 6 novembre 1973 que je contactai pour la première fois Monsieur André Gauthier, responsable A&R chez Polydor à Montréal. Je rappelai le 12 novembre, et le 21 novembre. Je préparai, le 28 novembre, une copie des deux concerts enregistrés par le groupe.

Un premier meeting, fixé le 29 novembre à 14h30, fut annulé par la compagnie et reporté au 7 décembre 1973. Lorsque je me présentai au deuxième meeting, à 11h de la matinée chez Polydor rue Sherbrooke ouest à Montréal, une souriante secrétaire m'annonça que le patron « avait dû s'absenter pour chercher Serge Reggiani à Dorval ». C'est en sortant de l'édifice que la frustration s'empara de moi. Polydor avait manqué le bateau!

***

London Records

Yvan Dufresne était le directeur artistique des disques London du Canada, à Montréal. London avait publié dernièrement un disque d'un duo appelé « Jim et Bertrand »[21]. J'avais diffusé, sur CKVL-FM, leur premier disque en rotation élevée. Il me fut donc facile d'obtenir un rendez-vous avec Yvan Dufresne, à la fin août 1973, en communiquant d'abord avec son assistant, Michel Bélanger.

Un réalisateur indépendant, René Letarte[22], avait produit le premier disque de Jim et Bertrand, tout comme « Chansons pour un café », le premier album d'un nouveau venu : Gilles Valiquette.

Souvenons-nous que Valiquette avait accepté de faire un spectacle lors du tumultueux concert en direct « Spécial St-Jean », du 24 juin précédant, à la Place Jacques-Cartier. René et Gilles avaient aussi été impliqués dans la réalisation d'un album de l'artiste Jacques Michel.

---

[21] *Jim Corcoran et Bertrand Gosselin.*
[22] *Ancien membre du groupe « Les Bel Canto », populaire au temps des « Sultans ».*

Tous ces artistes et leurs disques avaient jusqu'ici bénéficié des largesses de CKVL-FM.

Yvan Dufresne fut courtois, mais tranchant.

— Yves, oublie ça! Jamais ton groupe ne sera aussi populaire ou commercial que Jim et Bertrand ou Gilles Valiquette!

Fin de l'histoire !

***

Les disques Columbia (C.B.S.)

À plusieurs reprises, je contactai le bureau de Jean-Claude Wagnberg, directeur du département Artiste et Répertoire de CBS à Montréal, pendant la première semaine de décembre 1973. Même si Quality Records allait plus tard démontrer un grand intérêt sur Harmonium, jusqu'à la toute dernière minute, je conservai un contact avec Columbia jusqu'à la signature avec Quality.

Dans cette situation, c'est le temps qui fit perdre à Columbia une grande opportunité, puisque mes messages laissés à Jean-Claude Wagnberg ne furent jamais retournés. Ce n'est qu'à l'automne 1975 que CBS allait reprendre le temps perdu en approchant Serge Fiori indirectement, à travers un dénommé Paul Dupont-Hébert, producteur de spectacles du milieu collégial à qui j'avais accordé à plusieurs reprises, en 1974 et en 1975, l'opportunité exceptionnelle de promouvoir certains concerts d'Harmonium.

Sa façon de me remercier allait s'avérer très injuste, comme nous le verrons plus tard.

***

Warner (WEA)

Souvenons-nous ici de Jacques Chénier et du concert de Ferme-Neuve. N'oublions surtout pas ses excellents commentaires. Jacques m'avait conseillé, le 18 août 1973, de présenter le groupe le plus souvent possible au public afin de promouvoir ses chansons, ce que j'avais réussi à faire.

J'ai maintenu des contacts réguliers avec Jacques et Michel Tremblay, directeur de la promotion chez WEA. Malgré sa détermination et sa confiance dans le potentiel du groupe, Jacques ne réussit pas à convaincre le président de WEA Canada, au siège social de Toronto, de signer Harmonium pour un album complet. L'offre unique de Warner Toronto avait été de proposer quelques disques 45 tours pour commencer. Mais Warner-Québec y croyait très fort.

Ce n'est qu'à l'automne 1975 que Warner tentera de se reprendre. Personne ne se doutait alors du complot orchestré par la Columbia et son valet.

***

Paul Tietolman

Paul et moi étions devenus de vrais complices. La nouvelle programmation de CKVL-FM avait du succès. Nous étions sur notre lancée et avions tous les moyens pour développer et produire des enregistrements sonores et des spectacles des nouveaux artistes québécois.

Nous avions discuté à quelques reprises, en novembre 1973, de la possibilité de s'associer et de fonder une nouvelle compagnie de production de disques et de spectacles, indépendante du FM.

Quand arriva la fin de novembre 1973, devant le refus ou le manque d'intérêt de certaines compagnies de disques à Montréal comme à Toronto, mes alternatives se limitaient dangereusement.

Harmonium commençait à avoir du succès sur scène, et malgré l'appui du public, j'avais l'impression de travailler dans le vide. N'en fallait pas plus pour que je consulte Paul à nouveau.

— Paul, j'ai tout essayé ! Mes bonhommes me mettent beaucoup de pression pour faire un disque. Tu sais comment sont les artistes! Le public réagit très bien, pourtant, les exécutifs du disque ont peur. Actuellement, j'attends une réponse de Quality Records, mais, je ne sais pas…

— Yves, mon ami, que cherches-tu ?

— De l'argent, Paul, de l'argent ! Que dirais-tu de produire avec moi le premier album d'Harmonium? Les gens de l'industrie du disque veulent financer des 45 tours, alors qu'il nous faut un album complet. Pourrais-tu investir personnellement?

— Combien as-tu besoin ?

— Autour de 10,000$, Paul.

— Bon, laisse-moi réfléchir un peu, OK?

Deux jours plus tard, Paul m'offrit 5000$. Il était très occupé, le FM prenait tout son temps. Il aimait beaucoup le groupe et désirait toujours le promouvoir sur les ondes, mais son intérêt me sembla alors limité. Mais, il manquait toujours 5000$. Le temps n'était-il peut-être pas encore arrivé pour Paul et moi de nous associer dans un projet de disques? « Chaque chose en son temps », comme le dit si bien le proverbe !

***

Quality Records (Celebration)

J'avais invité Jacques « Coco » Letendre à l'un des passages du groupe en novembre à la Casanous. Coco n'avait pas oublié les chansons. « J'ai paqueté dans l'tapis », se plaisait-il à me répéter.

C'est ainsi que Jacques Coco Letendre me connecta à Nicole Dufour, directrice de la promotion aux bureaux des Disques Quality, à Montréal.

117

Le *28 novembre 1973*, à nouveau derrière les portes du grand hall d'entrée de CKVL-FM, j'attendais Nicole Dufour afin de lui faire entendre, directement dans la régie du studio de production de la station, les deux concerts enregistrés en direct. Je savais que ces enregistrements représentaient un excellent panorama général du potentiel d'Harmonium.

Nicole fut agréablement impressionnée. La qualité de reproduction de l'équipement de cette régie aidant, les chansons du groupe étincelaient. Après quelques chansons, de ses yeux bleu clair, Nicole me fit un beau grand sourire.

— J'aime beaucoup. Je pense qu'au siège social, nous avons un producteur qui pourra reconnaître le potentiel du groupe. Laisse-moi quelques jours pour les consulter, et aussi, les deux concerts enregistrés, une photo, une bio, etc.

— Tu sais Nicole, y'a longtemps qu'on attend. J'ai commencé à perdre patience. J'ai besoin de cette réponse « rapido-presto ».

— OK Yves, c'est promis.

Heureusement, la réponse de Toronto me parvint rapidement. Nicole Dufour m'appela pour m'annoncer une nouvelle excellente : on nous offrait de rencontrer Bob R. A. Morten, producteur délégué par Celebration et Quality Records, afin de discuter du genre de contrat que nous cherchions d'une part, et pour considérer leur proposition, d'autre part.

28

Le contrat de disques

Montréal, 12 décembre 1973. Le temps est gris et humide, mais quelle belle journée pour négocier un contrat de disques!

Mon éternelle Datsun toussota, mais tint bon. J'allai chercher Serge et Michel en priant qu'elle tienne le coup. Pour la première fois, depuis le début de mes négociations avec les maisons de disques, mes bonhommes étaient présents, et cela ne se reproduirait plus jusqu'à la fin de notre collaboration. Cette fois-ci, ils étaient là, parce je sentais qu'enfin une offre sérieuse se présentait à nous.

Nous avions rendez-vous à 10 h en matinée, rue Beaconsfield dans le quartier de N.D.G à Montréal, au bureau des Disques Quality. Quelle n'a pas été notre surprise de constater, lorsque nous arrivâmes chez Quality, qu'une partie de l'équipe de la compagnie de disques nous attendait impatiemment dans le hall d'entrée. Parmi eux se trouvait Clément Dufresne, directeur général de Quality Records à Montréal, qui nous présenta à la ronde avant de nous inviter à le suivre dans le bureau de Bob Morten, producteur exécutif et délégué de Toronto. La négociation s'ensuivit.

J'avais peine à y croire. Les trois compères étaient surexcités. Avant d'entrer chez Quality, je pris une grande respiration pour ralentir le battement précipité de mon cœur.

« Ça passe ou ça casse! », pensais-je en entrant dans l'édifice.

L'accueil fut plus que chaleureux. Il y avait de la magie dans l'air. Avec les gens de Quality, nous sentions tous intensément la même chose; nous vivions des instants historiques annonciateurs d'un grand succès futur.

Laissez-moi vous raconter ici comment s'est déroulée la négociation :

Bob Morten dépassait largement les six pieds, avait de longs cheveux, moustache et barbe bien taillées d'un blond Danois ou Norvégien, aux yeux bleu foncé, et possédait un regard vif.

L'attitude et les vibrations de Bob Morten semblaient dénoter un heureux mélange provenant plus du producteur américain, que britannique. Musicien de formation, sa feuille de route était impressionnante : il avait, notamment, fait partie en tant que bassiste du groupe accompagnant le fameux artiste canadien « Ronny Prophet »[23]. Bob Morten avait produit des succès au Canada et aux U.S.A. Sa réputation était impeccable.

---

[23] *Rony Prophet fut célèbre pour avoir travaillé avec le fameux « Bob Dylan ».*

La négociation se déroula entièrement en anglais du début jusqu'à la toute fin. Je n'aurais pas été bilingue, que j'aurais quand même compris l'accent canadien anglais américain de Bob! Nous étions sur la même longueur d'ondes. Les échanges de pensée n'avaient plus besoin de mots.

Tout se passa naturellement et très rapidement. J'étais assis face à Bob Morten, avec Serge à ma gauche et Michel sur ma droite. Bob Morten ouvrit le sujet en nous adressant ses félicitations.

— Messieurs, je me dois de souligner le vif intérêt de Quality Records pour votre groupe. Nos responsables à Montréal ont su attirer notre attention et nous fournir toutes les informations nécessaires vous concernant pour cette rencontre d'aujourd'hui.

— Merci de nous recevoir aussi chaleureusement, Monsieur Morten, lui répondis-je, d'un ton poli.

— Monsieur Ladouceur, que cherchez-vous comme terme, conditions, pourcentage, budget de production, et surtout : « What about the publishing? ».

Bob Morten se débrouillait *très, très bien merci* en négociation. Contact frontal, aucune hésitation, son plan déjà bien préparé, le mien aussi.

— Monsieur Morten, voici ce que nous souhaiterions obtenir. D'abord, un contrat d'un terme de deux ans/deux albums, exclusif entre Concept-Québec et Quality Records. Ensuite, un budget de production raisonnable, des garanties de promotion, et enfin, conserver une partie de notre «publishing»[24] puisque Concept-Québec gère le «publishing» des Éditions/Productions Harmonium. Quant au pourcentage pour les ventes de disques, nous sommes ouverts à écouter vos propositions.

— Vous n'y allez pas de main morte, Monsieur Ladouceur. Mais, je vous comprends. Nicole Dufour a souligné tout le travail de promotion que vous avez fait pour Harmonium jusqu'ici, sans compter votre influence à CKVL-FM qui a toujours accordé un bon accueil aux disques des artistes canadiens de Quality.

— En effet, j'ai entendu et programmé plusieurs de vos productions, et des disques des différentes étiquettes distribuées par Quality.

— Parlons d'abord du publishing, me dit Bob Morten.

— Concept-Québec et les Éditions Harmonium désirent conserver 75% des droits et redevances de publication commerciale. Je sais que c'est beaucoup, mais mieux vaut 25% d'Harmonium pour Quality, que rien du tout, n'est-ce pas Bob?

— Hum… Parlons maintenant des albums. Si nous acceptions vos premières conditions, seriez-vous prêt à signer pour un terme de 3 ans/3 albums ?

Je consultai Serge et Michel du regard. Serge fit la moue, Michel balança de la tête. À moi de jouer!

— Peut-être Bob, c'est à réfléchir…

---

[24] Signifie « édition ».

— OK, parlons maintenant des redevances de ventes de disques. Préférez-vous un terme court, des redevances élevées et un budget de production et promotion minimum, ou un terme plus long, des redevances moins élevées et un plus gros budget de production ?

Cette fois, il m'avait eu l'anglais! Moi qui étais encore à mes premières armes en termes de négociation de contrats de disques, Bob avait réussi à m'étourdir avec cette proposition massue et à nous perdre complètement avec cette structure de droits, complexe et sophistiquée. Je ne voulais pourtant pas perdre la seule opportunité favorable nous ayant été présentée depuis le début de l'histoire du groupe.

— Monsieur Ladouceur, je pense qu'on peut s'entendre : OK pour 75% des éditions, 3 ans / 3 albums et des royalties de 8% au prix des disques vendus. Qu'en pensez-vous ?

— Je propose 2 ans/2 albums et 10% de royalties, Bob.

Serge et Michel exprimèrent verbalement leur accord avec cette dernière proposition. Dans les yeux de Michel, je voyais qu'il faisait le calcul mental : 10% de 6.98$ = 69¢ + 15¢ de droit mécanique[25], pour un grand total de 84¢ par album vendu, sans compter les droits d'exécution. Quant à

---

[25] *Droit mécanique : une redevance sur chaque unité de disque vendue payable aux auteurs, compositeurs et éditeurs.*

Serge, son expression démontrait clairement qu'il préférait la musique à la comptabilité…

Silence… Silence… Réflexion…

— Vous êtes des durs, messieurs, de dire Bob Morten qui avait aussi fait le calcul mental très rapidement. D'autre part, vous avez tous beaucoup de potentiel.

— Voici une proposition finale : OK pour 10% de royalties et 75% du publishing + 7000 $ de budget pour produire le premier album à être payé directement au studio par Quality, 3000 $ de budget de promotion pour des affiches, un dossier de presse, etc. Mais je tiens aux 3 albums sur 3 ans. Vous dites oui, et j'appelle le président immédiatement, et c'est réglé!

J'avais en moi cette fixation sur le terme du contrat.

— Dans le fond, 2 ou 3 ans, un album de plus ou de moins, on n'a rien à perdre, pas vrai les gars ?

Je venais de penser à voix haute, m'exprimant en français pour la première fois depuis le début des négociations.

— Monsieur Morten, pardonnez cet échange en français. Mais je crois que nous sommes d'accord, tout est OK!

Bob s'excusa, et nous offrit du café avant de quitter la pièce pour communiquer avec M. George R. Struth, président de Quality Records à Toronto. Le cœur me débattait, le président allait-il accepter ?

C'était la première fois depuis le tout début, que je me retrouvais avec Serge et Michel dans une brasserie de Côte-St-Paul. Plus les pots que nous balancions entraient, et plus les jokes débiles sortaient.

— Man, c't'écoeurant! de s'exclamer soudainement Michel Normandeau.

— C'est débile! d'ajouter Serge Fiori en éclatant de rire.

Le président de Quality Records avait été conciliant : la condition de faire deux albums en deux ans fut acceptée. Nos destins allaient être scellés. Le Ménestrel faisait un pas de plus sur l'échiquier…

***

29

Performance

Parallèlement à la gestion du projet Harmonium, j'avais l'obligation de continuer à produire pour CKVL-FM. Depuis l'enregistrement du mini-concert de Fiori/Normandeau au studio-théâtre du FM, la formule des concerts rock de Don Krishner, télédiffusés de New York les vendredis soirs à minuit sur ABC, m'avait inspiré.

« Pourquoi ne pas adapter cette formule pour la radio et produire une série de concerts enregistrés dans un grand studio d'enregistrement multipistes ?» me dis-je. L'adapter, pour que la formule puisse servir à promouvoir le nouveau talent francophone du Québec.

Enregistrer d'abord, retoucher quelques fois, faire des reprises, assembler des performances, remixer, ajouter des entrevues avec les artistes et musiciens, souligner la biographie du groupe, compiler le tout en une émission de deux heures, présentée à chaque vendredi soir, de vingt-deux heures à minuit. Puis, en faire finalement toute une série. J'appelai le projet « Performance ».

Commencée en douce, le 20 décembre 1973 avec l'enregistrement du concert du talentueux guitariste classique Claude Sirois, cette première servit de pilote pour recueillir l'opinion des auditeurs; elle fut rapidement suivie d'une deuxième émission, le 17 janvier 1974, mettant en vedette le groupe *Contraction*, une « cellule » du Ville Émard Blues Band, avec *Denis Farmer*, le géant à la batterie. Grand batteur, un bonhomme super sympathique.

Rapidement, j'invitai les groupes suivants : *Beau Dommage, Octobre, Harmonium, Manège, Dyonisos, Ville Émard Blues Band, Ron Proby et Michel Madorre*, et beaucoup d'autres.

La brasserie Labatt, commanditaire prestigieux et national, commença à s'y intéresser. Cette série de concerts fut diffusée sur CKVL-FM jusqu'à la fin de l'année 1974 et se termina avec un passage du groupe Harmonium, grandement apprécié des auditeurs.

Elle m'inspira une prochaine série « *L'Histoire du Rock* », mais c'est une autre histoire et nous y reviendrons.

***

30

Beau Dommage

*B*eau Dommage un jour, c'est beau pour toujours » [26].

Je développai une communication régulière avec Robert Léger, membre du groupe Beau Dommage, suite au fameux concert de la tempête de neige [27]. Mes appels au département socioculturel de l'UQAM, pour y placer un spectacle d'Harmonium, m'avaient ainsi conduit à parler à Robert Léger, qui y travaillait.

Michel Rivard, Marie-Michelle Desrosiers, Pierre Bertrand et Robert Léger composaient alors le groupe Beau Dommage. Réal Desrosiers, le batteur, s'y ajouta par la suite.

Le 11 janvier 1974, j'ai revu Beau Dommage lors d'un meeting en soirée, au 6760 rue Saint-Valier à Montréal, pour discuter de leur participation éventuelle à la série de concerts *Performance* et d'un contrat d'engagement pour un concert avec Harmonium à l'Université de Montréal.

J'assistai donc à un concert privé de Beau Dommage, dans l'environnement de leur petit studio, pour entendre leurs chansons, celles qui

---

[26] *De l'auteur.*
[27] *Le 15 novembre 1973.*

constitueront leur premier album. Nous étions tous sur la même longueur d'ondes.

Le soir du 14 février 1974, Beau Dommage et Harmonium firent à nouveau un double spectacle présenté à la grande cafétéria du Centre communautaire de l'Université de Montréal, où s'étaient rassemblés des centaines d'étudiants, hippies, amoureux et assistants aux professeurs. La grande foire !

De plus, la participation ultérieure de Beau Dommage à la série *Performance* fut très remarquée et aida à populariser la série. Ce documentaire musical connut un succès instantané! Plusieurs appels à la station et beaucoup de messages des auditeurs s'ensuivirent, soulignant leur appréciation de la série.

Lorsqu'ils me contactèrent pour la première fois, ils m'invitèrent à venir les voir jouer dans le vieux Montréal. Ils se produisaient déjà eux-mêmes à cette époque, et portaient déjà le nom de Beau Dommage. J'ai toujours eu beaucoup de respect pour ce groupe. Ils étaient tellement simples et si gentils. C'était de beaux fous, et je dois avouer, j'avais un « petit faible » pour la belle Marie-Michelle. Je me suis donc rendu à l'Hôtel Nelson à la Place Jacques-Cartier du Vieux-Montréal et j'ai tout de suite beaucoup aimé ce qu'ils faisaient. De leur côté, ils savaient que je m'occupais déjà de la carrière de Fiori-Normandeau, ils savaient aussi qu'à CKVL-

FM, nous recherchions de nouveaux artistes faisant du répertoire original francophone.

Je réussis donc à mettre Beau Dommage sous contrat. C'était un contrat de management, court, bref et précis. Et ce ne fut vraiment pas long pour les mettre sous contrat et pourtant ils étaient 5 membres dans le groupe. Mais, avec eux, tout était simple, plaisant et agréable. La négociation eut lieu à l'Hôtel Iroquois, dans le Vieux-Montréal, au petit bar situé au deuxième étage. Cette alliance fut publiée à travers un article écrit par Géo Giguère dans le magazine très populaire à l'époque, le « Pop-Rock ».

Puisque j'étais donc le manager officiel de Beau Dommage, lorsque Fiori / Normandeau/ Valois refusèrent l'entente proposée par Capitol, je saisis l'opportunité d'essayer d'obtenir un contrat de disque pour Beau Dommage, ce qui donna des résultats.

Pierre Dubord se déplaça afin de venir entendre Beau Dommage en spectacle à l'Hôtel Iroquois, au premier étage, où le groupe avait joué de son matériel original dont « Un phoque en Alaska », « Le Pic-bois » – en fait, toutes leurs chansons qui ont paru sur leur premier album.

Cela me permit d'initier les négociations pour l'obtention d'un contrat de disques, mais je n'ai jamais pu terminer l'entente qui allait être signée entre Beau Dommage et Capitol Records. Et voici pourquoi: lorsque Fiori a entendu parler que je m'occupais également de Beau Dommage et que j'étais sur le point de conclure une entente de disques pour eux, il me convoqua en meeting et me mit au pied du mur : j'avais deux choix, soit de continuer avec Harmonium ou encore de poursuivre avec Beau Dommage. Je devais choisir entre les deux.

La relation d'affaires entre Beau Dommage et moi n'a duré que quelques mois, mais je les aimais beaucoup. Je ne voyais aucun conflit entre les deux groupes, car leur musique était très différente. De plus, je ne voulais pas me limiter et « penser petit ». Je croyais fermement pouvoir m'occuper des deux groupes en même temps, comme bien d'autres managers l'ont fait, et le feront encore.

Aujourd'hui, je me rends compte de mon inexpérience de l'époque : un manager n'est jamais exclusif à son artiste, mais l'artiste est toujours exclusif à son manager. Si jeunesse savait et si vieillesse pouvait!

Harmonium était déjà bien avancé, et je ne voulais pas perdre tous les fruits de mes efforts. J'ai donc dû faire un choix difficile. Je suis retourné voir Beau Dommage et j'ai tenté de leur expliquer que je ne pouvais plus m'occuper de leur carrière. Mais, ils n'ont jamais vraiment su le fond de l'histoire, car je n'osais pas parler contre Serge et faire du ressentiment entre les deux groupes; j'ai plutôt mis cela sur le compte que je ne pouvais plus me permettre de me diviser en deux, et bla, bla, bla. Je le regrette sincèrement, car par la suite les membres de Beau Dommage ont dû finaliser seuls leur entente avec Capitol, puisque je n'étais plus là, ils n'ont pas obtenu une entente équitable. Ils avaient signé pour 5 ans et leurs redevances étaient minimes. D'autre part, je savais que Serge m'aurait écarté si j'avais refusé de m'occuper strictement d'Harmonium.

Si j'avais eu une entente signée avec Fiori, peut-être que la situation eût été différente. Enfin... je ne peux refaire le passé, mais j'ai appris beaucoup de mes erreurs. Ce fut donc la fin entre Beau Dommage et moi...

* * *

31

«Harmonium » éponyme

Harmonium a tout un défi à relever! Enregistrer un album nécessite une approche tout à fait particulière. Plus souvent les chansons sont interprétées face au public, plus il est facile d'en capter la fraîcheur et l'essence originale quand arrive l'étape de l'enregistrement, un processus technique, une toute autre affaire. On doit s'isoler en vase clos pour reproduire fidèlement l'énergie de la musique et une partie de l'âme des chansons.

Les spectacles déjà faits par le groupe et de nouveaux arrangements musicaux aidèrent à habiller les chansons de couleurs chaudes et vivantes, et à conserver une énergie fraîche et spontanée lors de l'exécution et de l'interprétation en studio d'enregistrement.

Quand Serge Fiori proposa le nom de Fred Torak pour écrire les arrangements musicaux et les partitions de l'instrumentation finale des chansons, l'idée fut chaleureusement accueillie par tous.

J'appelai Fred. Je savais qu'il avait fait en 1971 l'arrangement de la chanson *Little Lady of Mine* [28].

---

[28] *Que le lecteur se souvienne du premier démo en anglais que Serge m'avait remit lors de notre première rencontre à CKVL-FM.*

133

Son apport créatif fut remarquable dans certaines sections instrumentales et dans le choix d'instruments additionnels, tels le cor français dans la merveilleuse suite instrumentale de la chanson « *Harmonium, suite... »,* le grand piano acoustique faisant les basses dans la finale de la *chanson « Un musicien parmi tant d'autres »*, et l'ajout d'une guitare classique faisant des « feels » [29] dans certains passages.

La batterie? Nous en parlions peu mais nous y réfléchissions depuis un certain temps. Harmonium devait-il utiliser un batteur en studio? Valait-il mieux se démarquer de possibles comparaisons et trancher définitivement en éliminant complètement l'idée d'ajouter un batteur à Harmonium?

C'est un sujet dont nous avions discuté longuement pour finalement conclure, à l'unanimité, qu'une batterie serait utilisée dans certaines chansons, et des percussions dans d'autres. Notre but étant bien sûr de faire le nécessaire pour que les arrangements des chansons puissent aussi être reproduits sur scène.

Fred Torak et Bob Morten, le producteur exécutif délégué par Quality Records, étaient faits pour s'entendre, chacun démontrant un input créatif de qualité et une attitude très professionnelle.

Yves Lapierre, copropriétaire avec François Cousineau du studio Tempo, m'avait recommandé

---

[29] *Fill-in's.*

un technicien du son : *Michel Lachance*. Ses techniques de prise de son rendaient les guitares acoustiques brillantes et étincelantes. Michel Lachance avait déjà quelques albums à sa feuille de route. Je recommandai son nom à Bob Morten. Il fut engagé et joua un rôle important dans l'enregistrement du produit final.

Sans cette équipe de production, l'album éponyme « Harmonium » n'aurait pas aussi bien traversé le temps. Malgré le petit budget alloué, les spectacles exécutés, les nouveaux arrangements musicaux, la qualité technique du studio, les talents de Serge, Michel et Louis, combinés à l'expérience de Bob Morten, Fred Torak et Michel Lachance firent de cette équipe, un noyau solide permettant de relever le défi de l'enregistrement. J'étais satisfait de cette équipe.

L'expression connue de « rêve éveillé » est la seule qui qualifie bien cette trop courte période de six jours réservés à l'enregistrement de toutes les chansons, pratiquement deux chansons par session, dix heures d'enregistrement quotidiennement, du 4 au 10 janvier 1974, le mixage de l'album se faisant la septième journée. Grâce aux mois de préparation, nous arriverons tout de même avec le budget de production limité à six mille dollars.

Je commençai à réfléchir à la prochaine étape, le lancement de l'album, sa promotion auprès des radiodiffuseurs et une tournée de spectacles.

32

Au cœur du Québec

L a magie du disque, le pouvoir des ondes et l'énergie du public sont les trois éléments sur lesquels je décidai de miser.

Comment toucher le cœur du Québec? Le lancement de l'album devait être appuyé par une tournée dans les collèges et universités. Une meilleure sélection des engagements et un effort de promotion globale devenaient nécessaires, dans chaque ville où Harmonium allait s'arrêter. Cette tournée de promotion se déroulerait jusqu'à la fin de juillet 1974.

Un lancement officiel devant les journalistes, les gens de la radio et de la télévision, des représentants du milieu étudiant, des amis du groupe et des représentants de Quality fut organisé.

Avec la collaboration de Nicole Dufour, directrice de la promotion à la branche de Quality au Québec, je préparai minutieusement la liste des invités au lancement. Pour eux, un dossier de promotion complet fut assemblé et reproduit en plusieurs exemplaires, contenant une grande affiche, une photo de presse, l'album, un communiqué d'information. Tout cela acquérait soudainement une importance capitale.

L'explosion du noyau d'énergie de la musique du ménestrel sur l'échiquier devait propulser une vague jusqu'au bout des frontières du Québec, portée par celle du nationalisme et de l'affirmation des jeunes. Une musique pour tout nous autres !

Jusqu'au 20 février 1974, mon agenda déborde. Il m'en faut deux. Harmonium grandit et CKVL-FM aussi, un lien tissé naturellement, l'un n'allant plus sans l'autre. Une suite de rencontre déferla alors dans ma vie.

À cette étape de la carrière du groupe, le disque devint le point central d'énergie entraînant désormais la promotion, la diffusion et une tournée de concerts à graviter autour de lui. L'ajout de ce troisième élément à mon plan d'action exigera plus de concentration et de coordination.

Ainsi, la sortie de l'album, la conférence de presse, le lancement, un concert avec Félix au Patriote présenté le soir même après le lancement, et les six prochains mois de concerts et de spectacles de promotion pour le disque, catapulteront l'album éponyme d'Harmonium au sommet des palmarès du Québec.

***

33

Le lancement ou la magie du disque

Je cherchais comment faire de ce lancement un événement qui se démarquerait des autres. Harmonium avait déjà une façon différente de faire les choses.

Après quelques discussions avec les propriétaires du Patriote, ces derniers acceptèrent de présenter le groupe en première partie de Félix Leclerc, le 20 février 1974. Les dates du lancement de l'album et du concert furent liées – les deux événements se tiendraient le même jour–, le lancement aurait lieu au studio Tempo de 6 à 8 pm, alors que le double concert aurait lieu à compter de 21 h au Patriote.

Il me vint aussi l'idée de combiner deux stations de radio pour couvrir simultanément l'événement : CKVL-FM et CKLM. Cette dernière diffusait sur la bande AM et encourageait le talent québécois et les nouveaux groupes. Raymond Paquin, que je connaissais déjà et qui était directeur de la promotion, réagit favorablement à l'idée de couvrir le lancement à CKLM. Cette station déléguerait un animateur qui présenterait une série de reportages directement des lieux de l'événement.

Dès 18 heures, les nombreux invités fêtaient déjà. Le studio, les corridors, le hall d'entrée et le salon étaient pleins à craquer. Tous entassés comme des sardines, les gens se saluaient, riaient, chantaient et tapaient des mains. Le bar gratuit fonctionnait à pleine capacité ! Et avec toute la fumée, le système d'aération aussi. Ça sentait le cégep à pleins gaz...

Pendant ce temps, le disque d'Harmonium jouait à plein volume dans les énormes moniteurs du studio. Tous l'entendaient et s'en délectaient, tout en vidant le bar et en échangeant leurs commentaires. Dans un coin du salon, le reporter de CKLM conduisait des interviews diffusées en direct avec les membres du groupe.

Plus le temps passait, plus les buveurs de vin et de bière renversaient accidentellement leurs verres ou échappaient la cendre de leurs cigarettes sur le très beau tapis beige de qualité installé dans le studio. Prendre une gorgée de vin devenait un exercice périlleux tant l'espace était devenu restreint. J'étais mal à l'aise de voir qu'un aussi beau tapis fasse les frais du lancement. Mais, quelle promotion d'ampleur pour le studio Tempo! Déjà, grâce aux reportages diffusés sur les ondes radiophoniques, ce lancement était un succès. La réaction des gens des médias fut si positive, que ce premier album se mérita la une.

Du côté des radiodiffuseurs, j'avais préparé une émission spéciale de 60 minutes réservée à Harmonium pour CKVL-FM, avant même que le lancement débute vers 18 heures, et évidemment, mes amis Géo Giguère et Denis Grondin étaient là pour Pop-Rock et CHOM.

Étaient également présents, mes amis les plus précieux amassés au long de ma route depuis 1967 d'une station radiophonique à l'autre. Ils ne vinrent pas tous, mais ceux de Montréal, Laval et des banlieues étaient présents.

Quelques complices de CKVL-FM y étaient aussi dont Jacques « Coco » Letendre, Steve Grossman, Nicole Dufour, Bob Morten, et Fred Torak.

Raymond Paquin, un ami, alors directeur de la promotion à CKLM – le seul AM rock francophone – avait accepté de diffuser le lancement au complet de 6 à 8 pm. Mes copains de CHOM, CFGL-FM, CKAC et CJMS occupaient tous les téléphones du petit salon meublé d'une machine à café et de bouteilles de fines liqueurs.

Le temps de quelques bières, verres de vin, liqueurs douces, café-cognac et des herbes folles de l'époque… vint le temps où les membres du groupe devaient quitter leurs invités afin de se préparer au concert.

Vers 20 h, la majorité se déplaça pour la suite du clou de la soirée : Félix Leclerc et Harmonium en concert au Patriote ! Quel lancement mémorable !

Le concert de Félix, précédé de celui d'Harmonium à 21 h fut retransmis en direct sur les ondes de CKVL-FM. Nul besoin de mentionner que la salle était remplie à sa capacité maximale.

Cette soirée du 20 février fut gravée à jamais dans ma mémoire. Au milieu de la chanson « Aujourd'hui, je dis bonjour à la vie », les spectateurs furent émerveillés et littéralement élevés vers une autre dimension. L'effet Harmonium avait commencé...

Imprimé dans l'espace-temps, tout se passa comme dans un rêve. Nous échangeâmes avec Félix des instants merveilleux dans la loge des artistes du Patriote. Félix bénissait-il Harmonium ?

Dans les heures qui suivirent, les radios Fm et Am s'emparèrent de l'album. La grande presse populaire lui réserva un accueil tolérant. La télévision attendait...

***

34

On the road again

Instantanément, je devais garder les trois boules en mouvement. Le disque lancé, venait maintenant le temps des concerts et l'organisation d'une première tournée. Impossible de planifier soudainement. Quelque trois semaines devaient s'écouler avant que l'album ne soit distribué dans toutes les villes du Québec entourant Montréal.

C'est ainsi que j'embarquai dans ma Datsun cabossée, afin de préparer cette première grande tournée. J'allai d'abord à Québec, puis je passai par Trois-Rivières, Sherbrooke, Granby et St-Jean sur le chemin du retour.

Dans la stratégie dite « de l'encerclement[30] », certains principes doivent être respectés : le plus important consiste à se « nourrir » de la région conquise, donc du public qui nous y attend après avoir entendu l'album d'Harmonium sur les ondes de sa radio régionale et qui a aussi acheté son billet. Il faut aussi s'assurer que le disque soit déjà disponible, avant le spectacle, chez les disquaires de la région.

---

[30] *Théorie militaire qui fut appliquée par Mao-Tsé-Tong.*

À moi revenait la responsabilité de faire en sorte qu'en sortant des concerts, ces spectateurs courent se procurer l'album.

Lorsqu'on planifie l'organisation d'un seul spectacle, on engage une équipe de route pour un seul événement. Quand arrive le temps de planifier l'organisation d'une tournée complète, le choix de chaque équipe devient beaucoup plus sélectif.

Fiabilité, humour, discipline et souplesse, voilà les qualités que je recherchais. Je m'interrogeais sur la qualité de notre sonorisation, de l'éclairage et du décor général de la scène. Il urgeait d'envelopper le spectacle entier de couleurs, d'ombres et d'accessoires appropriés visuellement, autant pour l'auditorium, que pour les autres types de salles.

La première tournée

Planifier une tournée, c'est comme visionner sur un grand écran imaginaire ce qui surviendra dans la vie de l'artiste.

Organiser, c'est faire en sorte que l'artiste s'y sente « bien » dans son évolution. Inutile de limiter l'artiste, car l'univers est sa toile, sa musique, ses chansons.

L'ensemble est ce qui importe! Que l'artiste s'y sente plus ou moins bien importe certes, mais sur la route, c'est toute une équipe, toute la journée et toute la nuit qui prévalent, et tout ce qui se passe entre les deux.

La route, c'est toute la famille, c'est l'équipe qui se déplace, qui participe aux « ups and downs ». La route, c'est le vent des saisons dans les cheveux, lorsqu'on marche vers sa destinée.

Il m'a fallu tout reconsidérer. D'abord la sono, puis l'éclairage, les décors, les accessoires de scène, la loge et la sécurité, la promotion, les billets, et surtout, l'argent et le chèque !

***

35

L'encadrement

— Hello Yves! This is Donald Tarlton from Donald K Donald. I love your group! Why don't we put together a small concert, somewhere in Montreal?[31]

Donald et moi, en arrivèrent rapidement au point central de notre discussion : Harmonium serait à l'auditorium du Pavillon Lafontaine à Montréal[32], les 8 et 9 mars 1974 – pour deux soirs seulement, leur tournée ne les ramenant pas à Montréal avant le 22 juin 1974 pour l'événement au Parc Jarry où un gros show en plein air avec plusieurs autres artistes[33] aurait lieu devant tous ceux rassemblés pour célébrer le début de l'été.

Nous travaillions tous très fort. Je compris tout de suite Serge Fiori lorsqu'il me fit savoir clairement après le spectacle du 8 mars qu'il fallait l'aider et qu'il avait besoin d'un encadrement constant, mais subtil, pendant toute la durée de cette première tournée.

---

[31] Traduction : « Salut Yves! C'est Donald Tarlton de DKD. J'adore ton groupe! Pourquoi ne pas mettre sur pied un petit concert quelque part à Montréal ?

[32] Un vieil auditorium dans le Parc Lafontaine.

[33] Jean-Pierre Ferland et Ginette Reno, Pierre Lalonde, Claude Dubois, etc.

Quel être paradoxal que Serge ! Autant j'aimais sa musique, autant certaines de ses attitudes ou réactions me déconcertaient. C'est le soir du 8 mars 1974 que je commençai à percevoir certaines «zones grises » dans la carapace de protection que Serge semblait s'être tissée.

Mais comment l'aider ? Ce soir-là, nous allèrent au Laurier BBQ pour discuter en prenant un bon café – le cachet négocié avec Donald le permettant.

Il ne fallait pas que Serge perde espoir, ce dernier étant la pierre angulaire du groupe.

— Serge, qu'est-ce qui t'arrive ? Je ne te reconnais plus ? Brusquement, on dirait que tu ne crois plus en Harmonium? Que se passe-t-il ?

— Tout ça repose sur moi... Je sens toute la pression. Je dois remplir, compresser et combler. Je ne me sens pas suffisamment appuyé par les instruments, le son, l'éclairage, pour me sentir à l'aise...

Michel réagit spontanément.

— Serge, prends-pas ça comme ça! On a fait du cash, puis les spectateurs ont très bien réagi et Yves nous a «booké » pour un deuxième spectacle demain soir.

Serge fixa Louis dans les yeux comme s'il détenait la formule magique, la clé de la solution. Silence.

— Serge, dis-moi ce que tu n'as pas aimé exactement ce soir dans le show? lui demandais-je.

— C'est difficile à expliquer, je sentais toute cette énergie du public... C'est la première fois...

« La première et non la dernière », me dis-je. Serge avait besoin d'un remontant. Je commandai un café colombien pour chacun. J'avais bien l'intention d'en finir avec cette histoire, sinon tout le groupe allait en souffrir et les plans de Quality et de Concept-Québec s'effondreraient.

— Yves, qu'est-ce qu'on peut faire avec tout ça?, me demanda Louis Valois.

— On ne peut quand même pas ajouter soudainement des musiciens au groupe seulement parce que Serge se sent pas assez appuyé. Ce serait changer le cœur d'Harmonium. Ce n'est pas encore le temps, non c'est pas ça la solution... répondis-je.

— Et... si on mettait le paquet sur le son, l'éclairage, le visuel du show? répliqua Michel.

— Ça changera pas grand-chose si tu t'fourres trois fois dans même toune, Michel, tabarn...! s'exclama Serge.

Harmonium, le 8 mars 1974 au soir, n'allait pas bien c'est certain. Comment régler le problème? Je demandai à Serge, ce qu'il aimerait.

— Donne-moi du son et de l'éclairage fixe et stable. Quelque chose derrière nous, un fond de scène aiderait aussi.

— Vois-tu quelque chose spécifique derrière toi?

— Oui, pourquoi pas le bonhomme[34] ?

La serveuse du Laurier BBQ me demanda si nous désirions un autre café spécial, mais je demandai plutôt l'addition. L'heure de la fermeture était proche, et puisque la nuit porte conseil, nous rentrâmes chacun chez soi.

***

Journal personnel...

Ces motels et hôtels, devant lesquels les belles filles passent sous le soleil du midi, me donnent l'envie de m'esquiver et de m'allonger seul, au soleil... mais comme un vieux film se déroulant devant moi, la route m'appelle à nouveau...

De Félix au Patriote jusqu'à José Féliciano à la Place des Nations, en six mois, et avant la pause pour le deuxième album, la route redeviendra ma routine de vie au moment où je pensais enfin m'en être sorti...

Cette fois, ma petite valise se transformera en camion chargé à bloc de décors, d'éclairage, etc. J'avais loué une grosse voiture américaine confortable pour Harmonium. Tout au long d'une avenue à Outremont, voiture et camion se suivaient

---

[34] *Le bonhomme : l'homme multi-instrumentiste représenté sur la pochette du premier album et des affiches que Michel trouva un jour dans un livre à la bibliothèque publique.*

jusqu'à l'auditorium, là où un public assistera, entendra et verra Harmonium.

Fini le temps de perdre ses nuits : on doit aller si loin que l'on risque de n'y rien trouver. Car sur la route, on ne sait pas ce que demain nous apportera.

***

36

La magie des ondes

Ce concert-lancement de l'album constituait la première étape d'un plan de promotion conçu en étroite collaboration avec Nicole Dufour, directrice de la promotion chez Quality. L'équipe de la compagnie s'était surpassée afin que les disques soient imprimés pour le lancement; et un envoi postal à toutes les stations radiophoniques fut effectué dans les jours qui suivirent.

Le 21 février, au lendemain du lancement, Harmonium se rendit à CFGL-FM pour une entrevue diffusée à 17 h. Plusieurs chansons furent présentées aux auditeurs, et CFGL programma « Pour un instant ».

Du côté de CHOM-FM, on n'entendait pas se laisser devancer par les autres stations. Ils choisirent trois chansons de l'album afin de les programmer à différentes heures : « Un musicien parmi tant d'autres », « Aujourd'hui, je dis bonjour à la vie » et « Harmonium », la chanson-thème de l'album.

Par la logique des choses, CKVL-FM fut la station qui programma le plus grand nombre de chansons, dont les mêmes que celles programmées à CHOM, en plus de « Pour un instant » et « Si doucement ». CKMF et CITE-FM programmèrent à leur tour : « Pour un instant ».

D'autre part, les stations AM n'avaient pas dit leur dernier mot. CKLM, CJMS, CKVL et CKAC choisirent toutes « Pour un instant ». Finalement, Radio-Canada joignit ensuite les autres pour diffuser l'album dans tout le réseau. À noter que CJMS et CKAC représentaient les stations de tête de deux puissants réseaux provinciaux, Radiomutuel et Télémédia.

Dès le 28 février 1974, ce premier album du groupe bénéficiait d'une diffusion étendue à travers le Québec. Les auditeurs le demandaient.

Pendant ce temps, la grande machine de commercialisation des Disques Quality ne chômait pas. Quality était après tout l'une des plus vieilles compagnies de disques au Canada, dont l'usine de pressage et le centre de distribution national étaient situés à Scarborough, en Ontario. Quality possédait aussi des branches à Montréal, Moncton, Calgary et Vancouver.

Malgré son âge, cette machine de promotion et de distribution était *hot*. Elle avait bien vieilli et ses racines étaient implantées solidement d'un océan à l'autre. Pour continuer sa croissance, elle avait besoin de *hits* d'artistes sous contrat exclusif. Un seul grand succès canadien, tels 100,000 albums (disques platine) ou 50,000 (disques or), suffisait pour payer les salaires des employés de son usine de pressage pour l'année – sans compter toutes les autres compagnies de disques canadiens ou américains dont les disques étaient *fabriqués et distribués* par Quality Records au Canada et à l'étranger.

***

L'énergie ou l'amour du public ?

Tout comme l'inspiration, l'amour du public ne se commande pas. Il aime ou n'aime pas. Les médias l'informent et il prend la décision finale. Quand le public dit « oui », il est primordial que le disque soit déjà disponible chez les disquaires, les disques populaires américains et britanniques étant nombreux, la compétition pour obtenir de l'espace dans les vitrines des détaillants devient féroce.

Si le besoin du public n'est pas comblé, il vaut mieux alors tout oublier. Le « timing » devient impératif. La magie du disque et des ondes déclenchèrent rapidement la demande des auditeurs et du public. C'est pourquoi, dans les semaines qui suivirent la sortie commerciale de l'album, j'entrepris la mise en place d'une tournée qui n'allait se terminer qu'au 21 août 1974.

Ainsi, le plan de promotion – concentré sur le disque et la tournée – allait être développé sur une période de six mois. Les grands objectifs de base ne changèrent pas : continuer à pénétrer le milieu collégial et universitaire, et obtenir une diffusion maximum pour l'album.

Cependant, cette tournée allait se préparer lentement et minutieusement, le choix des lieux de présentation d'Harmonium sur scène devenait beaucoup plus important.

Le groupe devait préparer et répéter le spectacle. Il fallait aussi l'encadrer d'une équipe de route.

Une semaine après le lancement[35], Harmonium se présenta à Québec au Café la Résille de l'Université Laval. La radio étudiante du campus universitaire diffusait l'album depuis quelques jours.

Heureuse surprise, la salle était trop petite pour la demande. En plein ce qu'il fallait pour que le mot se passe : « Qui est ce groupe? », « C'est quoi cet album? », « D'où viennent-ils? », « Où peut-on se procurer le disque? », « Où et quand le prochain spectacle? ». Une magie s'était emparée de l'assistance. Comme au début, un étrange phénomène habitait la foule.

En observant ce public envoûté, j'avais peine à croire que je vivais, non pas un rêve, mais la réalité.

Malgré tout le chemin franchi en si peu de temps depuis la naissance du groupe, je sentais parfois que je transportais sur mes épaules un poids énorme. En plus de trouver des engagements, négocier les contrats, faire la promotion du groupe et de l'album, administrer et gérer les affaires de Concept-Québec et des Éditions/Productions Harmonium, sans compter mes heures de travail à CKVL-FM, je

---

[35] *Le 28 février 1974.*

devais voir au transport de l'équipement de son et d'éclairage, parfois en faire l'installation sur scène et souvent agir comme sonorisateur. Le peu de temps libre que j'avais servait à faire parvenir les affiches au responsable de chaque endroit où le spectacle aurait lieu. À Montréal, c'est moi qui, à cause de nos moyens encore limités, faisais l'installation des affiches.

Vraiment, il était temps d'encadrer le groupe d'une équipe qui verrait à transporter l'équipement, l'installer et faire la sonorisation et l'éclairage. Le spectacle n'était pas encore à point. Seuls, les instruments meublaient la scène. Aucun décor, peu d'éclairage, une qualité de sonorisation qui demandait à être améliorée. Il était clair que l'amour du public reposait strictement sur l'attrait des chansons et non pas sur des décors et des effets spéciaux.

Dans le négatif, il y a aussi du positif. Cet engouement des jeunes constituait l'essence à même laquelle nous nous alimentions pour continuer. Le reste n'était qu'une question de temps.

Les mois de mars, avril et mai 1974 servirent donc à acquérir davantage de moyens techniques afin d'améliorer et envelopper le spectacle, sa présentation et son contenu.

***

37

Mars 1974

Planifier une tournée, c'est comme visualiser la vie professionnelle et future d'un artiste. Lorsqu'un groupe se déplace sur la route, c'est toute une famille qui bouge. C'est aussi traverser tous ensemble des instants de joie et de déception. C'est franchir continuellement des obstacles, comme dans un triathlon.

Un ami de Michel Normandeau était éclairagiste de métier. Pierre Labonté fut engagé pour développer un concept d'éclairage spécial à être utilisé sur les grandes scènes des auditoriums. Son expérience en éclairage de scène au théâtre apporta à la présentation visuelle des couleurs et un décor appropriés pour chacune des chansons.

Mars 1974 fut donc réservé à des répétitions du spectacle en sa totalité. Sur le front des cégeps, polyvalentes et universités, j'entrepris une véritable invasion des départements socioculturels et du milieu étudiant, le cœur du marché d'Harmonium. En quelque 20 jours, je fis plus de 150 appels téléphoniques aux responsables socioculturels dans le milieu étudiant.

Des points importants permettaient d'orienter cette démarche : d'une ville à l'autre, le choix de l'endroit se faisait en fonction de son bassin de population, sa distance de Montréal[36], la présence d'un cégep, d'une université ou d'une polyvalente, d'une combinaison des deux ou des trois de préférence, la présence de médias locaux et régionaux – une radio commerciale, une télévision régionale, les journaux, les radios et journaux étudiants –, le type de salle où le spectacle pouvait être présenté, sa capacité, son acoustique, la grandeur de la scène, l'éclairage et la sonorisation déjà installés sur les lieux, ce qui manquait pour les compléter, le prix des billets, etc.

Ce n'est qu'après avoir discuté de chacun de ces sujets avec le responsable du socioculturel ou le promoteur local que je prenais finalement une décision.

À nouveau, je contactai à Montréal les cégeps Maisonneuve[37], Rosemont et Marie-Victorin, les polyvalentes de Pierrefonds et George-Vanier. En banlieue, les polyvalentes de Terrebonne, Deux-Montagnes, Sainte-Rose, Saint-Jérôme, Boucherville et Gérard-Filion de Longueuil. À Québec, les cégeps de Lévis-Lauzon, Françoix-Xavier-Garneau, de Lévis et Limoilou, les collèges de l'Assomption, Plessisville, Thetford-Mines, Champlain et Victoriaville. Des échanges eurent lieu aussi avec les gens des radios étudiantes où la tournée d'Harmonium s'arrêterait bientôt.

---

[36] *Un aller-retour la même journée était préférable afin d'éviter des frais de logement, essence, etc.*
[37] *André Ménard, du FIJM.*

38

Premières émissions de télévision

Des appels à Michelle Werner, Gary Plaxton, Royal Marcoux et à Marc Goldman me permirent d'obtenir une émission de 30 minutes, enregistrée au Studio A de la Cité du Havre, « The Entertainers », au cours de laquelle Harmonium interpréta cinq chansons. Cette émission fut diffusée le 18 mars 1974. Une deuxième émission, « Femme d'aujourd'hui » animée par Lise Payette, présenta aussi le groupe au public de Radio-Canada.

Chez TVA, des entrevues avec M. Jean Paquin firent en sorte qu'Harmonium enregistra deux émissions – Jeunesse et Pop-Jeunesse – les 24 et 30 mars 1974 qui furent ensuite diffusées les 30 et 31 mars 1974.

Les télédiffuseurs commençaient donc à s'intéresser au groupe. Cependant, la télévision fut rarement utilisée pour promouvoir Harmonium, ce qui explique la difficulté en l'an 2000 de trouver des films vidéo où l'on peut voir Harmonium à cette époque.

C'est vers le 21 mars 1974[38] – date de leur premier anniversaire – que les membres du groupe sortirent de la salle de répétition pour faire quelques émissions de télévision, quelques entrevues avec La Presse, Pop-Rock, le Dimanche Matin, le Montréal matin et le Montreal Star. Quelques spectacles furent aussi présentés, dont un à la polyvalente de Terrebonne, le samedi 23 mars 1974, un autre à la « Grande Passe » à Montréal. Deux concerts furent présentés à l'auditorium du Pavillon Lafontaine à Montréal, les 8 et 9 mars 1974.

***

---

[38] *À la question : Quand Harmonium est-il né? Je réponds : le 21 mars 1973.*

39

Excursion à Toronto

C'est à Toronto, jeudi 28 mars 1974, qu'eut lieu le concert le plus éblouissant du mois. Une foule nombreuse, des centaines d'étudiants de l'Université York à Toronto, attendait Harmonium depuis la sortie de son album. Les billets s'étaient envolés rapidement. Étudiants anglophones et francophones de la Ville Reine partageaient tous la même passion pour la musique du groupe.

Ce concert servit aussi à rencontrer les gens des médias. Un deuxième lancement eut lieu, organisé par Quality Records et son équipe de promotion et marketing de Scarborough, et fut présenté le soir du concert à l'Université York. La foule exaltait. C'était le premier groupe du genre à sortir du Québec pour chanter en français, sur une musique que les anglophones adoraient sans même comprendre les paroles.

Nous revinrent tous enchantés, en ce vendredi 29 mars 1974. L'aller et le retour avaient été faits en train. La CBC accorda une couverture majeure à l'événement, ainsi que la radio et la presse universitaire.

Ce concert à Toronto fut définitivement le plus énergique, magnétique, magique et mystérieux de tous ceux présentés par Harmonium depuis le tout premier. La langue ne constituait plus une barrière et brusquement l'âme des chansons et l'esprit de la musique d'Harmonium transportèrent les centaines de spectateurs dans une immense bulle flottante !

Après 90 minutes d'émotions intenses, Harmonium dû revenir quatre fois sur scène. Serge Fiori s'était dépassé dans ses communications avec le public. Il leur parla en français, en anglais et puis en « *franglais*! » Il prononça des « mots d'église » à quelques reprises, agrémentés de quelques « fuck » par-ci, par-là. La foule buvait ses paroles, et lorsqu'il leur parla en anglais, Serge se donna cet accent d'Angleterre que Lennon manipulait si bien. Vraiment, la musique a parfois le pouvoir d'unir les gens, et ce, malgré leurs langues, leurs cultures et la couleur de leur peau. La musique est universelle.

Dans la loge, ce fut une fête qui dura jusqu'à tard dans la nuit. La bière coulait à flots et *on pouvait trancher la fumée au couteau*. Les exécutifs de Quality Records étaient là avec leur costume d'hommes d'affaires – disparues les cravates – les yeux légèrement rougis, excités, comme nous tous.

— Quelque chose de merveilleux se passe avec la musique de ce groupe! me dit le directeur du marketing.

— Malgré la sobriété de sa présentation visuelle, le spectacle d'harmonium est un véritable happening et un voyage fabuleux. Ce Serge Fiori a un humour rare, débile, intelligent et cultivé, confiait le directeur de la promotion à une jolie journaliste anglophone et hippie de Toronto.

Bob Morten, le producteur exécutif de l'album était aussi présent. Il avait les yeux brillants et un sourire éclatant, visiblement heureux et satisfait de voir qu'au château-fort de l'Ontario, il n'était pas le seul à aimer des chansons dont il ne comprenait même pas les textes. Bob nous félicita tous pour ce superbe spectacle. Un « showcase » inoubliable.

C'est à partir de cet événement que les textes des chansons du groupe seront étudiés dans les cours de littérature de certaines des plus prestigieuses universités de Toronto, jusqu'à Vancouver.

***

40

Le printemps 1974

Il avait débuté avec notre belle première à l'université York de Toronto[39]. En fait, il annonçait, sans qu'on le sache, que les six mois à venir, la magie du disque et la réponse du public grandissant à une vitesse surprenante, nous apporteraient notre première série de succès et la consécration des chansons du premier album. Première victoire, dans cette histoire, puisque les deux mouvements de l'avancée – disques et spectacles – dans leur déploiement, portèrent des résultats inespérés. Nous en étions éblouis. Plongés au cœur de l'action, les événements se précipitèrent à la mesure et à la vitesse de la demande du public : la popularité d'Harmonium et de son premier album dans le milieu étudiant traversa jusqu'au marché beaucoup plus vaste de la masse populaire.

Dans le tourbillon de la demande pressante du public pour Harmonium, je me débattais sur tous les fronts à la fois afin de satisfaire les besoins du groupe et ceux du marché.

Une synergie, qui nous était encore inconnue, déploya ses ailes et nous poussait dans une vague

---

[39] *Le 28 mars 1974.*

d'une époque-lumière, dans l'évolution du Québec des années 70.

***

41

Soirées au Cinéma Outremont

Serge, Michel, Louis et moi passions régulièrement des soirées de « disconnection » au Cinéma Outremont. Le cinéma nous servait d'interface pour continuer à être ensemble sans nécessairement toujours travailler. Après la soirée hebdomadaire passée au cinéma Outremont, nous nous retrouvions immanquablement au Laurier BBQ. Nous discutions alors longuement du film visionné, de son scénario, du script, des scènes virulentes, débiles ou tordantes, comme des séquences les plus dramatiques. Le choix et le jeu des acteurs étaient aussi des idées fraîches pour améliorer le spectacle d'Harmonium. Ces idées, nous les communiquions ensuite à Pierre Labonté, à qui la direction de l'éclairage et la mise en scène avaient été déléguées. Toutes ces heures passées à visionner du Woody Allen, du Fellini, du Spielberg[40], les classiques comme les films commerciaux avaient dû agir sur moi…

Une vision excitante m'était soudainement apparue un soir à la sortie du Cinéma Outremont. En me dirigeant chez moi, au 622 de l'avenue Outremont, cette vision intérieure me montrait

---

[40] *Ses premiers longs-métrages.*

Harmonium sur une scène d'un cinéma. Vision claire comme du cristal. Mis à part un auditorium, que pouvais-je trouver de plus beau qu'un cinéma, avec une scène assez profonde, des balcons, un acoustique de choix, des bancs confortables, des tapis, de l'atmosphère ?

Lorsque j'arrivai chez moi ce soir-là, je m'empressai d'écrire tout ce qui avait attiré mon attention dans cette vision. Harmonium, en spectacle au cinéma. « Wow! Pourquoi pas? », me dis-je. Auditorium et salle de cinéma, n'y avait-il pas là une similitude naturelle ?

Les Beatles n'avaient-ils pas joué aussi dans des théâtres tout comme the Doors, et le Apollo Theater à Harlem New-York, ou les concerts rock américains télédiffusés à partir de certaines salles de cinéma à San Francisco et Los Angeles ?

Puis, je pensai à la fameuse formule des «Midnight concerts » dans des cinémas. C'est bien ce qui allait se passer quelques mois plus tard au Cinéma Granada à Sherbrooke, alors qu'un concert d'Harmonium, dont tous les billets avaient été vendus en quelques heures, avait attiré une foule si dense, des lignes d'attentes si longues, que tout le centre-ville en fut bloqué et qu'une petite émeute s'ensuivit. Mais nous verrons cette scène, et d'autres scènes d'émeute, un peu plus tard dans l'histoire du groupe.

Naturellement, M. Smith, propriétaire du cinéma Outremont à l'époque, fut le premier que je contactai à ce sujet. Il n'y avait pas encore, à ce moment-là, des concerts à minuit, le vendredi ou le samedi soir. Monsieur Smith me reçu poliment, m'écouta lui parler de ma vision : « un concept de spectacles appliqué à Harmonium dont le premier album est déjà sur toutes les radios… ».

Les jours et les semaines passaient, des retours d'appels, des messages, mais pour une raison inconnue, pas de réponse finale. Heureusement, je croyais si fort en cette « formule-concept » que ma vision avait porté mes nombreuses interrogations et réflexions jusqu'au point où, maintenant, pourquoi pas une tournée dans les cinémas des principales villes des grandes régions du Québec ?!

Et puis, n'avais-je pas vu Charlebois et l'Ostidchô un vendredi soir au Théâtre de Sorel en 1969, alors que j'étais annonceur à CJSO? Je n'inventais rien : j'extrapolais.

Pourtant, le Ménestrel, je le voyais bien sur une scène de cinéma, collé derrière le groupe en fond de scène sur un grand mur démontable et transportable, en format géant et éclairé d'une chanson à l'autre de différentes couleurs. Pierre Labonté et le groupe le voyaient aussi. Et les chansons du premier album n'habillent-elles pas bien la scène de ces vieux cinémas rappelant le passé?

Je n'avais rien contre les auditoriums, au contraire. Mais ça, c'était différent : tout en plus grand, moins chaleureux et intime. Rappelez-vous votre jeunesse, votre adolescence, votre vie d'adulte, vos souvenirs du cinéma, ceux que vous y avez laissés comme ceux avec lesquels vous avez continué.. ne sont-ils pas différents des souvenirs de votre présence à un spectacle dans un auditorium d'un cégep, d'une polyvalente ou d'une université?

Convaincu de la faisabilité de mon *flash*, je n'attendrai pas longtemps. J'appelai Monsieur Payeur au Théâtre de Sorel, Monsieur Desjardins au Cinéma Rex de Saint-Jérôme, Monsieur Arpin au Théâtre Saint-Denis à Montréal, Monsieur Labelle chez Odéon – un réseau de salles –, et Mr. Drisdell chez Famous Players – un autre réseau.

En avril 1974, je consacrai une partie de mon temps prioritaire à une série de meetings avec eux. À Sorel, j'ai pu voir un vieil ami de la radio, Michel Champagne, qui m'avait aidé en 1969 par ses critiques constructives, sa camaraderie, et son amitié dans ma jeune carrière d'annonceur. Harmonium au Théâtre de Sorel serait une promotion de CJSO et Radio Richelieu en collaboration avec Concept-Québec; au Cinéma Granada à Sherbrooke, ce serait CHLT, Jacques Beaulieu[41] et Bernard Fabi; à Montréal, j'avais bien l'intention de lier CKVL-FM à la promotion, quel que soit le cinéma. Tout cinéma, tel le Capitol à Québec où s'arrêterait le spectacle d'Harmonium, bénéficierait d'une

---

[41] *J'avais fait de la radio avec Jacques Beaulieu à CJRS Sherbrooke (Radio Mutuel).*

promotion avec une station de radio, dont CHRC à Québec où j'avais travaillé comme annonceur.

À Trois-Rivières, mon vieil ami et complice Clément Dubé[42] savait quel cinéma utiliser. Clément commençait à produire des événements en région, et était propriétaire d'un magasin de disques avec une section *importation* très développée et respectée. Plusieurs de la « gang de Trois-Rivières », tous de ses amis, évoluaient dans la radio, la télé, les journaux et le milieu étudiant. Impossible de tourner sans la mise en place d'un certain « réseautage », des groupes de contacts, d'amis, de complices et de fans du groupe. Tous des gens qui y croyaient eux aussi.

En réalité, je regroupai : un auditorium ou un cinéma, une station de radio commerciale, une radio étudiante, la presse artistique, et les agents de départements socioculturels d'une ville ou d'une région, tous des éléments-clés regroupés et réseautés pour assurer la réussite de chaque spectacle à l'horaire de la tournée.

***

---

[42] *Clément Dubé était propriétaire des magasins de disques Orpheus. Personnage coloré de notre industrie ayant beaucoup aidé la cause d'Harmonium, en devenant le producteur régional pour Trois-Rivières. Dans les années 90, il allait s'occuper des Foufounes Électriques. Il décéda à l'été 2000.*

42

Quality et Concept-Québec

Dans les contrats signés entre Concept-Québec et Quality Records, des garanties de promotion avaient été octroyées par cette dernière. Une définition de promotion dans la terminologie avait été incluse, spécifiant que Quality devait fournir à Concept-Québec des centaines d'affiches reproduisant la pochette de l'album, avec le ménestrel, ce musicien multi-instrumentiste de l'ère médiévale, chapeauté du logo d'Harmonium « en concert », que l'on colla partout dans les villes où nous passions.

Une deuxième obligation était de me fournir aussi des centaines d'albums à donner en promotion, ainsi qu'un dossier de presse complet dans les trois semaines précédant la tenue d'un spectacle, pour les radios étudiantes et commerciales, pour la presse artistique, ainsi que pour les membres des « gangs » d'Harmonium que je mettais progressivement en place sur la carte du Québec, à chaque arrêt de la tournée de promotion.

En avril, mai et juin 1974, j'assistai à plus de 50 meetings avec les gens de Quality à Montréal, dont Clément Dufresne, directeur de la commercialisation; Nicole Dufour, directrice de la promotion; ainsi que Jack Vermeer, directeur du marketing national à Toronto.

La promotion et la campagne de vente chez les disquaires des régions, où allait se produire la tournée d'Harmonium, furent synchronisées avec Clément Dufresne.

Nous rencontrions les gens des médias et recevions les amis et fans dans la loge après le show, pour simplement échanger des propos, se détendre et célébrer. Plus tard, cette routine sera suivie du rendez-vous des membres de toute la troupe dans un bon resto pour savourer des steaks, fruits de mer, pasta ou pizza, arrosés d'un bon vin rouge! Le succès se fête!

***

43

Gangs ou fans ?

Des « gangs » d'amis d'Harmonium se formaient progressivement depuis la sortie commerciale de l'album. À la lecture des notes de l'agenda d'avril, mai et juin 1974, le développement naturel de ces « groupuscules de fans » – les « gangs d'Harmonium » –, dans les régions de Montréal, Laval, Laurentides, Lanaudière, Mauricie, Montérégie, Estrie et de Québec furent les premiers regroupements qui permirent de mettre en place et d'activer la tournée. Viendront s'ajouter plus tard, en 1974, des regroupements dans les régions de Hull/Ottawa, du Lac Saint-Jean, et de l'Abitibi, motards inclus.

Des gangs ou des fans ? Il y avait pourtant bien une différence : avec les gangs on sait toujours, avec les fans on ne sait jamais. Les gangs étaient des fans qui s'impliquaient dans l'organisation et la promotion du groupe dans leur région.

***

La gang de Saint-Jérôme

Saint-Jérôme est ma ville natale, celle de ma famille, de mon premier emploi dans la radio, d'où je suis parti à 18 ans avec ma petite valise et ma guitare sur la route de la radiophonie – ma première tournée, en fait.

J'y organisai deux spectacles d'Harmonium de 45 minutes, à 11 h en matinée et à midi, précédés d'une promotion intense sur les ondes de la radio étudiante de la polyvalente, exécutée par Sylvain Labonté, un fan de la musique du groupe. La cafétéria déborde, c'est le party, *y'a rien de trop beau pour les jeunes!*

Cette « gang » s'agrandira à la vitesse de l'éclair. Harmonium y reviendrait bientôt, cette fois à l'auditorium, plein à craquer…

La gang de Drummondville

Jacques Letendre avait aimé Harmonium dès qu'il avait entendu sa musique la première fois à la Casanous. Il avait appelé Nicole Dufour chez Quality à Montréal, puis elle m'avait contacté. Vous connaissez la suite : Harmonium allait signer avec Quality. Coco, pour les amis, était un gars de Drummondville, bien connu de la gang de la région, comme Clément Dubé à Trois-Rivières – les deux se connaissaient bien d'ailleurs – ; Coco et moi nous

nous préparions, en avril 1974, à entreprendre la création et la réalisation d'une mini-série pour CKVL-FM : « L'Histoire du Rock ». Pour Jacques, *Drummondville ne pouvait pas passer à côté d'Harmonium.*

Il m'aida à organiser leur premier passage à Drummondville, les jeudi et vendredi soir du 18 et 19 avril 1974. Toute la gang était présente, croyez-moi! Coco jubilait, *Harmonium lâcha son fou au boutte du boutte* (sic).

Après le spectacle du premier soir, Coco et sa gang nous retrouvèrent en arrière-scène. Quel tableau devions-nous faire tous assis sur des « caisses de 24 », Serge, Michel et Louis plongés dans des dialogues sans fin, alors qu'une file d'attente de fans ébahis attendaient, en grillant de l'herbe, en attendant d'avoir accès à cet espace ressemblant tant bien que mal à ce que l'on appelle une « loge ».

— Chacun son tour…

— C'est cool !

— Y'a pas de problème!

— Veux-tu une bière en attendant?

Ceux qui restèrent eurent droit à un show acoustique de Serge Fiori, interprétant sur sa guitare 12 cordes, les plus grands succès des Beatles.

Je dois dire que Serge était un véritable génie à la guitare. On n'a qu'à essayer d'interpréter certaines pièces d'Harmonium sur une guitare pour comprendre la complexité des harmonies et des progressions d'accords qu'il inventa.

Ce soir-là fut l'un de ces moments intenses où l'artiste nous transporta dans son univers. Un univers musical, j'entends. Car contrairement à ce que tout le monde a toujours cru, Serge Fiori ne consommait pas de drogues. Et lorsqu'on connaît ses raisons personnelles, on comprend pourquoi. Une mauvaise blague, dont il aurait été victime de certains camarades de classe, fut pour lui une révélation : la drogue n'avait pas de place dans son univers. Et c'était très bien comme cela. On comprendra aussi pourquoi il était si réticent à ce que son entourage en consomme en sa présence. Enfin. Il est dommage que ce soit cette image qui lui fut souvent, par la suite, collée au dos.

Et comme le dira plus tard Michel Normandeau à la radio : « *Mais on en aura fait fumer du monde!* ».

Que pouvions-nous faire ? Ce fut une époque où les spectateurs fumaient tout au long du spectacle, tout comme au Forum de Montréal durant les concerts de groupes étrangers. C'était tout simplement hors de notre contrôle.

La gang de Montréal

Le tout premier de tous les regroupements du réseautage de la tournée avait vu le jour à Montréal. Les toutes premières « gangs d'Harmonium » à se développer ensuite autour de la métropole l'encercleront le 12 juin 1974, date historique de la présentation du premier concert d'Harmonium à la Place des Arts[43], produit par Concept-Québec, en collaboration avec CJFM-96 à Montréal.

Cette gang de Montréal et les autres se formaient naturellement autour du nucléus qu'étaient devenus l'album Harmonium et les membres du groupe. D'abord des amies intimes, les membres de nos familles respectives, puis des complices, des associés du milieu, des collaborateurs, certains journalistes, certains administrateurs de radio, les fans réguliers, etc.

Cependant, ce grand mouvement venant déclencher l'encerclement de Montréal, par les deux ailes de l'avancée de la tournée, exigeait que je le supporte par un « back-up » supplémentaire et approprié. C'est ici que l'ensemble de toutes les « gans » d'Harmonium régionales entrent en jeu. Chaque gang ayant ses leaders d'opinion, je contactai ces collaborateurs et complices des régions de Saint-Jérôme, Drummondville, Sorel, Trois-Rivières, Québec, Victoriaville et Sherbrooke. Avec la gang d'Harmonium de Montréal, la grande famille de Concept-Québec était maintenant complète pour l'assaut de la place forte de l'industrie du spectacle à Montréal : la Place des Arts.

---

[43] *Au Théâtre Port-Royal de la Place des Arts.*

Les autobus jaunes

Tout comme les Beatles et leur sous-marin jaune, Harmonium eut ses autobus jaunes. Ce gros flash jaune, je l'organisai avec les leaders des gangs régionales, afin de mettre en place un service de transport par autobus scolaires pour tous les hippies amoureux du groupe, un bouquet de services comprenant le transport aller-retour à la Place des Arts, le billet du concert escompté, et la possibilité pour les leaders, amis et/ou complices de retrouver les membres du groupe dans les loges et célébrer après le concert.

C'est ainsi qu'en quelques jours à peine, tous les billets destinés aux spectateurs s'envolèrent comme des petits pains chauds saupoudrés d'herbe... Les sièges des deux premières rangées de l'auditorium étaient gratuits – le principe des billets de courtoisie –, donnés en promotion à la gang de Montréal, les gens de Quality, de CJFM-96, de CKVL-FM, de CHOM-FM, de La Presse, Dimanche Matin, à Géo Giguère du magazine Pop-Rock, à Coco Letendre, à Steve Grossman, Paul Tieltoman et ainsi de suite... Ils étaient tous là pour le plus magique et mystérieux des concerts du groupe, qui délogera le meilleur spectacle présenté depuis le début.

Mais, avant de vous décrire cette soirée inoubliable du 12 juin 1974, permettez-moi de vous raconter certains des événements qui la précédèrent.

***

44

Le Cégep de Sherbrooke

Le 3 mai 1974, au volant d'une camionnette jaune, nous sommes entrés dans les premiers Cantons, très cool et relax. C'était maintenant pour moi un véritable plaisir que de pouvoir passer du temps en toute intimité avec Serge et Michel, Louis ayant sa propre voiture. En fait, le seul endroit où nous avions encore un peu de temps pour se parler, c'était sur la route!

Jase et parle, parle et jase, à notre arrivée au Cégep de Sherbrooke, nous étions déjà attendus : des inconnus, qui avaient entendu quelque part la musique du groupe. N'est-ce pas là, la véritable raison d'être des médias de communication de masse?

En débarquant de la camionnette jaune, nous avions notre réponse, là, bien vivante : devant nous, des dizaines de personnes, mais ce grand auditorium contenait des centaines de sièges.

— Yves, d'après toi, on la remplie à combien? me demanda Serge, après le test de sonorisation.

Les gars étaient heureux d'être accueillis chaleureusement par de jeunes et belles hippies partageant l'amour de la même musique. La qualité avant la quantité!

Finalement, ce soir-là, quand les musiciens arrivèrent sur la scène, presque tous les billets avaient été vendus.

***

En avant la tournée !

Quelques jours plus tard, le 9 mai, ce fut la Polyvalente André-Laurendeau à Saint-Hubert, puis le 10 mai, le concert à l'Auditorium Jean XXIII de Dorval, et le 17 mai 1974, à l'énorme gymnase de la Polyvalente du Cap-de-la-Madeleine – jour de mon mariage, qui par miracle avait réussi à se faire une place dans mon agenda, et que nous avions célébré simplement aux Vieilles Forges, entourés de nos copains du groupe et de leurs copines respectives pour le repas de noces, peu avant le concert de la soirée.

Le lendemain, le 18 mai – alors que j'aurais dû théoriquement être en lune de miel, Harmonium fit trembler les filets des paniers de basket du gymnase du Centre Sportif Laval de Saint-Vincent-de-Paul.

***

45

Une entrevue en anglais

Le 21 mai 1974, à 10 h de la matinée, le groupe était attendu à CJFM-96 pour l'enregistrement d'une émission spéciale de 2 heures, à être programmée plus tard, en guise de promotion pour la Place des Arts du 12 juin, une présentation de CJFM-96[44].

Lorsque nous débarquâmes de ma petite Datsun cabossée, et soit dit en passant, aussi jaune que la pochette du premier album, l'humour flottait parmi les membres du groupe et il faisait bon marcher sur l'avenue de La Montagne où nous étions attendus.

Avant d'entrer dans l'édifice de la station, je pris Serge en aparté :

— Écoute-moi Serge, tu ne parles pas français durant l'entrevue parce que CJFM, c'est Standard Broadcasting, c'est anglais, c'est Westmount... Pense Beatles, la citadelle est prise, elle sera toute à toi le 12 juin. Tu es le Ménestrel sur l'échiquier, enfin, tu occupes le centre : tu leur parles dans leur langue, OK?

— Ok Yves.

Nous entrâmes dans le hall d'entrée, remarquant au passage les jolies demoiselles à la réception, les

---

[44] *« Mix 96 », en 2000.*

annonceurs-animateurs de classe, *cool et hip*, avec l'air de savoir ce qu'ils font, en vrais radiomen. En l'espace d'un instant, on se serait crû à Londres. Serge était merveilleusement naturel, en contrôle de tout son talent et de ses moyens, dans la mise en scène dont nous avions convenu plus tôt.

La séquence suivante est pour moi, indescriptible. Pourtant, j'essaierai ici de partager avec vous, ce moment incroyable.

Pour une rare fois depuis notre toute première rencontre, Serge se comporta comme un être, non seulement pleinement conscient de ce qui lui arrivait, mais aussi en tout honneur et humilité. Comme s'il était immergé dans une autre dimension de lui-même, de notre groupe, et de sa musique. Il *flottait* tout en répondant aux questions de l'intervieweur, en anglais avec l'accent de Londres. Wow!

Moi, le maniaque de Brian Epstein et de Georges Martin d'EMI, et des Abbey Road Recording Studios à Londres, ces génies et grands hommes à la destinée planétaire, Serge parlait soudainement à la Lennon. Il déphasa, devenant « live » pour la durée entière de toute l'entrevue au studio de FM-96; l'animateur affrontait le méconnu. Ce Fiori parlait la langue de Shakespeare comme un Londonien. Son humour était aussi drôle et tordu que celui des Beatles. C'est à ce moment que je réalisai le don extraordinaire qu'avait Serge Fiori et son influence sur les gens. Il était magnétique et cette force envoûtait les foules.

En revenant au parking de l'avenue de La Montagne, la brume qui avait enveloppé Montréal et sa montagne vint nous englober rapidement. Étions-nous à Londres? Encore une fois, en l'espace d'un instant, cette étrange coïncidence. Ma fidèle Datsun nous attendant, indulgente comme toujours, elle nous ramena à la réalité et jusque chez Serge, où nous attendait un bon café à la Fiori.

Suite à cette incroyable entrevue, et à ce spécial Harmonium sur FM-96, tous les billets se vendirent en quelques heures. J'ai dû ajouter une supplémentaire pour le lendemain, le 13 juin 1974. *Une main sur une épaule, chacun a bien joué son rôle*. Le café a fait place à une superbe salle de théâtre, la crème acoustique des auditoriums à Montréal.

***

46

La Place des Arts

Les billets des deux concerts s'étaient donc vendus à une vitesse folle. Ceux du premier soir s'étaient vendus aux « gangs régionales », alors que les billets du deuxième soir furent vendus en bonne partie à des spectateurs anglophones, grâce à l'excellent travail de promotion de CJFM-96.

Permettez-moi d'ajouter des précisions qui aideront à expliquer le pourquoi de cette heureuse situation.

L'approche de l'encerclement, mon positionnement et mes amis de la radio m'avaient conduit à pouvoir réunir un ensemble de stations radiophoniques. À CKVL-FM, 5 des chansons de l'album avaient été programmées en « rotation intense[45] ». Un communiqué d'informations était lu sur les ondes, annonçant la tenue des deux concerts. À CHOM-FM, mon ami Denis Grondin, ainsi que Jeffrey Olivier Brown, et particulièrement Boby Boulanger, matraquaient les ondes à coup d'Harmonium... À CKLM, CKVL-AM et CKAC, « Pour un instant », s'annonçait être le succès de

---

[45] *Rotation élevée ou intense (High rotation) : diffusion d'une chanson de 4 à 6 fois par jour.*

l'été 1974. CFGL-FM, CKMF et CITE-FM, diffusaient la douce chanson « Harmonium », en rotation moyenne.

Je n'avais donc pas besoin d'un FM supplémentaire. Juste, non? Alors, pourquoi ajouter à ce beau menu radiophonique la station FM-96, anglophone de surplus?

D'abord, en stratégie, l'élément « surprise » peut être fort utile, créer une diversion ou aider à capturer la cible pendant qu'elle est sous l'effet *surprise*. Ensuite, Quality Records, dont c'était le premier album d'un artiste québécois, alimentait de ses disques anglais, depuis longtemps, la station FM-96, laquelle programmait ses disques.

Un autre facteur, que j'appellerai « l'éthique », était d'une importance capitale : j'avais déjà pour moi CKVL-FM, allais-je abuser du favorable positionnement et me placer en conflit d'intérêts face aux autres radiodiffuseurs, en accordant le droit exclusif de la promotion des concerts à CKVL-FM?

J'étais maintenant respecté dans l'industrie de la radiodiffusion. Si j'abusais, je perdais cette crédibilité auprès de mes camarades et amis de CHOM et des autres stations AM ou FM de Montréal. Si j'accordais ce droit à un FM francophone particulier, les gens des autres stations FM francophones se sentiraient lésés. L'injustice quoi… Délicat, très délicat.

Je parlai à Paul Tietolman afin de sonder sa réaction à l'idée d'octroyer la présentation à CJFM-

96. J'étais très mal à l'aise, mais Paul réagit en gentleman, comme toujours.

— Yves, tu nous as beaucoup choyés! Que les autres aient aussi une part du gâteau est « *fair* ».

Wow! Quel bonhomme ce Paul. Décidément, j'adorais travailler avec lui à CKVL-FM.

Parallèlement à la haute direction et chez les annonceurs de FM-96, c'était le choc. Qu'est-ce qui peut bien motiver ce Ladouceur à nous donner l'exclusivité? C'est pourquoi, ils se « défoncèrent » à promouvoir les deux concerts à la Place des Arts. Dans les deux premières rangées, plusieurs sièges furent réservés aux gens de FM-96 et CJAD[46].

Finalement, tout le monde était heureux et personne ne se sentit lésé. Ainsi, ils continueraient tous à diffuser les chansons de l'album. Ce point était vital. Des compétiteurs étaient devenus involontairement complices de tout un événement : Harmonium à la Place des Arts.

J'invitai certaines personnes qui n'eurent pas besoin de billets : André Ménard (à l'époque il s'occupait de produire des événements au Cégep Maisonneuve), Carole Price du Cégep Édouard-Montpetit, mon ami Géo Giguère accompagné de sa sœur Mariette et de Sylvie Brunetta (qui devint par la suite le bras droit de Donald K. Donald), France

---

[46] *Les deux stations appartenaient à Standard Broadcasting.*

Nadeau, Gail Mezo (manager du Studio Tempo), Bob Morten, Fred Torak, Clément Dubé et sa gentille copine Martha, Michel Perrotte et Gérald Loiselle des Productions Perle, Madame et Monsieur John Rideout, Michel Lachance (technicien du son de l'album), mes amis Steve Grossman et ses partenaires dans une nouvelle maison de production publicitaire appelée Unisson.

Mais, comme le disait si bien Yvon Deschamps : « *Les unions, qu'ossa-donne*? ». Pour toute bonne chose, il y a un prix à payer. On dirait que dans la vie, semble-t-il, les plus beaux instants sont parfois ceux qui coûtent le plus cher! J'en pétai une crise à mon tour : l'union des syndiqués de la Place des Arts me fit littéralement sortir de mes gonds.

— J'ai beau croire que la PDA, ça coûte cher, mais c'est pas l'union qui l'a payée, c'est le peuple du Québec, tabarn…!

Ma voix fit trembler l'acoustique de la salle de concert. Moi qui, en parlant doucement, parle déjà trop fort à cause de la portée de ma voix de baryton, imaginez quand je crie et que l'annonceur parle comme un bûcheron!

J'en ai encore le souvenir, aussi clair que si c'était hier. L'après-midi du 12 juin, l'équipe de sonorisation qui suivait le groupe en tournée avait installé l'équipement, puis les gars du groupe étaient arrivés vers 16 h pour procéder au test de son. Parallèlement, Pierre Labonté, chargé de la mise en scène et de l'éclairage, avait aussi procédé aux tests requis, non sans avoir à argumenter continuellement avec les techniciens syndiqués, qui l'avaient rendu agressif, lui qui, toujours, était si calme.

À 17 h, nous eûmes un grave problème technique. Le responsable représentant la compagnie de sonorisation que j'avais engagée dû s'absenter pour trouver, quelque part, cette précieuse petite pièce technique à remplacer. Pleinement satisfait de sa mission accomplie, il revint à 18 h. Il nous fallait absolument compléter les tests techniques avant l'arrivée des spectateurs prévue à 20 h.

C'est alors que ces messieurs syndiqués, décident unilatéralement que l'heure du goûter était arrivé, *c'est coulé dans le béton de la convention*, le test final de la sonorisation attendra! C'était trop. Je bouillais intérieurement. Déjà que, pour avoir ajouté une supplémentaire, on m'avait facturé la désinstallation de l'équipement pour le premier soir, ainsi que la réinstallation pour le lendemain de la supplémentaire, sans qu'aucun de ces messieurs n'eut à lever le petit doigt avant la fin des deux soirs. C'était cher payé pour de l'ouvrage non accompli.

— Attendez au moins qu'on ait fini le test messieurs, donnez-nous 15 minutes.

— Pas questions, la convention…

— Tarbarn…! C'est nous autres qui la payons cette salle de concert. Voulez-vous entendre de la distorsion et du feedback pendant 2 heures? Je vais vous payer tarif double pour les 15 minutes, OK?

— Pas question! La convention...

Serge, Michel, Louis, Pierre Labonté, nos techniciens et roadies étaient maintenant disposés en cercle autour de ce chef-machiniste syndiqué. Je me sentais comme un tigre lancé dans une marmite d'eau bouillante. À 25 ans, quand t'en peux plus, parfois, t'oublies les gants blancs. J'étais tout à fait hors de moi et prêt à lui taper la gueule, mais... the show must go on!

Michel Normandeau et Pierre Labonté surent me ramener à de plus calmes dispositions... Je fixai le fonctionnaire zélé dans le blanc des yeux... Il valait beaucoup mieux quitter ces lieux, ce que nous fîmes, pour 90 minutes.

Je rêvais d'une bonne douche avant le spectacle, et d'une bonne bière froide pour me calmer les nerfs. Mon jeune assistant, Sylvain Labonté – le leader de la gang de Saint-Jérôme –, m'avait temporairement emprunté ma fidèle Datsun, afin de faire quelques courses, histoire de dépanner. Malheureusement, comme un malheur en attire souvent un autre, il entra en collision en cours de route et percuta une autre voiture au moment même où je me rinçais les cheveux!

Ce fut toutefois une soirée mémorable au niveau de la performance du groupe – comme toujours –, et grâce à la générosité de l'union, le public du premier soir, eut droit en prime, à de la distorsion et des feedbacks.

47

Harmonium à Saint-Jérôme

Mon frère Daniel et ma sœur Chantal, ainsi que les amis de la « gang de Saint-Jérôme » avaient fait en sorte que la ville soit tapissée d'affiches annonçant la venue d'Harmonium. Dans chaque resto, chaque bar et sur chaque poteau, une affiche avait été apposée. Harmonium serait à l'auditorium André-Prévost le 18 avril 1974.

J'organisai une entrevue avec le groupe à la radio régionale, CKJL-AM, là où j'avais débuté ma carrière d'annonceur, à 17 ans. Étrange coïncidence, une façon de boucler la boucle. Le groupe y fut accueilli chaleureusement.

Le soir du concert, l'auditorium de 900 sièges était plein. La publicité que j'avais achetée dans les journaux hebdo-régionaux fut payante. J'avais une salle vendue à 100% de sa capacité. Mon jeune assistant, Sylvain Labonté, lui aussi originaire de la Saint-Jérôme, avait fait un excellent travail de supervision.

Un seul problème à l'affiche! Je n'avais pas prévu me faire voler toutes les recettes du spectacle pendant que j'assistais le sonorisateur lors du concert! J'avais pourtant demandé à Sylvain de garder la porte donnant accès à l'arrière-scène. Mais, il a dû, comme nous tous, se laisser emporter par la douce folie du concert.

Un triste individu – fallait qu'il connaisse bien les lieux –, donc quelqu'un de l'interne…, se faufila jusqu'à la loge pour vider le tiroir dans lequel j'avais déposé la mallette contenant les beaux dollars de Concept-Québec. Comment autrement pouvait-il connaître l'endroit où j'avais caché l'argent ?

Michel Normandeau me fit part de ses doutes sur quelqu'un en particulier, mais sans aucune preuve, il est difficile d'accuser.

Lorsque, après trois ou quatre rappels, je me retrouvai dans la loge pour féliciter le groupe, en ouvrant le tiroir, je confrontai la dure réalité : il était vide, la caisse s'était volatilisée! Je prononçai toute une série de mots d'église, décrivant tout à fait mon état d'esprit.

— Yves! Qu'est-ce qui se passe? de me demander Michel Normandeau.

— Le cash a disparu!

Musiciens, roadies, invités spéciaux et journalistes s'éclatèrent d'un rire tonitruant. Ils croyaient tous que je venais de faire une bonne blague.

La première partie du spectacle avait été confiée à notre ami Robert Morrissette[47], suite au succès fou qu'il avait eu lors des deux concerts de la Place des

---

[47] *Grand comique à l'humour débile, il fondera plus tard le duo « Les Frères Brosse ».*

Arts. Il tourna la situation du vol de la caisse en une histoire si débilitante que plusieurs se tordirent de rire en roulant sur le plancher. Ça planait fort, mais pas moi.

C'est alors que, pour couronner le tout, Serge Fiori s'approcha et me dit :

— Écoute Yves, ce n'est pas une raison pour ne pas nous payer. Débrouille-toi, mais il n'est pas question qu'on ait travaillé gratuitement!

Je dû donc rembourser tous les musiciens. Mais cette aventure allait me donner une leçon. Plus jamais, l'argent des concerts n'allait me quitter. Je m'achetai une mallette d'affaires avec une chaîne que j'attachai à mon poignet.

***

48

Le Nelson revisité

Un an auparavant, Fiori/Normandeau/Valois partageaient avec les Séguin[48], Gilles Valiquette et Georges Thurston, une scène extérieure de l'autre côté de la Place Jacques-Cartier, dans un stationnement, face l'Hôtel Nelson.

Depuis, ils avaient affronté et vaincu les obstacles, une marche après l'autre, dans le grand escalier conduisant à la Place des Arts. S'il m'avait été possible de tirer un plus grand avantage, du momentum suivant les concerts du groupe des 12 et 13 juin à la PDA, en réservant la salle pour des concerts supplémentaires, veuillez croire que je l'aurais fait. Impossible, toutes les salles de la PDA étaient déjà réservées! Décidément, les artistes de Guy Latraverse ne chômaient pas non plus!

En guise de compensation, une alternative valable aurait été de vérifier la disponibilité des autres salles de spectacles ou les théâtres à Montréal. Un peu trop logique à mon goût, un peu trop pareils aux autres, et pas assez *Harmonium*.

Continuer pour obtenir un succès de masse et maintenir le momentum ? Ou maintenir le momentum par un mouvement surprise totalement

---

[48] *Marie-Claire et Richard Séguin*

inattendu, tout en faisant d'une semaine complète au Nelson, un succès artistique authentique et véritable devenant un grand happening dont tout le monde parlera, tout en étant *sold-out* [49], et en obtenant à la fin du processus un plus grand momentum ?

Je choisis cette dernière approche : Harmonium au Nelson du 24 au 30 juin 1974[50], deux à trois représentations par soir, débutant avec la Saint-Jean-Baptiste pendant 6 jours complets.

Harmonium respectait son image. Il continuait à véhiculer sa musique pour tout nous autres, et son image « anti-star ». Il exprimait clairement qu'il ne jouait pas le jeu selon les normes traditionnelles du show-business, mais selon des normes nouvelles, bien à lui. Il démontrait aussi qu'il aimait plus son public que le cash !

La réaction du public fut instantanée. L'Heureuse nouvelle se répandit comme une traînée de poudre. Des rumeurs commencèrent à circuler, certains n'y croyant tout simplement pas. Pour que justice soit, Francine Loyer – responsable du Nelson – et moi avions convenu de certaines normes ou principes : aucune possibilité de se procurer les billets à l'avance. C'est à la porte, chaque soir, qu'ils se retrouvaient dans les mains de notre public. Pas de favoritisme, pas de *têtage* !

---

[49] *Un succès au box office.*
[50] *Sauf le mercredi soir du 26 juin où Harmonium se devait d'être à la Place Royale dans le Vieux Québec.*

L'énormité de l'impact fut telle, que le Nelson semblait tout petit lorsqu'il fut entouré par une masse de hippies et de jeunes boomers. Des gens très bien vêtus et d'un âge plus avancé tentaient aussi de mettre les pieds dans la petite salle du Nelson.

Des files d'attentes, aussi longues que pourrait être la Place Ville-Marie si on la couchait sur la rue Notre-Dame, se parsemaient dans le Vieux-Montréal devant L'Hôtel de ville jusqu'au boulevard Saint-Laurent, devant la Place Jacques-Cartier jusqu'à la rue Saint-Denis, et sur la rue Saint-Paul. C'était follement beau ! Une semaine éblouissante.

Entre la Place des Arts et le Nelson, et afin de garder les gars du groupe en forme après le concert du 13 juin, j'avais programmé trois concerts, celui du 14 juin à l'auditorium Bernard Gariépy à Tracy (la « gang de Sorel »), le 16 juin à l'auditorium du Centre culturel de Vaudreuil, et le 22 juin au Parc Jarry pour un grand show extérieur partagé avec Jean-Pierre Ferland, Ginette Reno, Pierre Lalonde, Renée Claude et d'autres artistes.

Puis, après une semaine au Nelson, Harmonium se retrouva dans la Cour intérieure de La Petite Bastille du Séminaire de Québec, samedi le 6 juillet 1974, en double spectacle avec Gilles Valiquette. Un beau spectacle, et un public sage pour une belle soirée de juillet, des vacances d'été. Des touristes aussi.

49

La Place Royale

Le 26 juin 1974, Harmonium délaissa temporairement le Nelson pour un concert à la Place Royale dans le Vieux Québec. La journée était radieuse; la grande scène extérieure, les tours de sonorisation et un superbe éclairage avaient été installés durant la journée. Dès 16 h, nous étions prêts pour le test de sonorisation final. Mon ami Pierre Touzain nous avait tous chaleureusement accueillis à ses bureaux historiques de la Place Royale.

Pierre avait été le secrétaire d'un ministre très respecté avant d'être responsable d'un département du patrimoine du Vieux Québec, et un budget du ministère des Affaires culturelles permettait d'y organiser un événement l'été en juillet, Place Royale.

C'est ainsi qu'un autre « double-billing » (double spectacle) eut lieu, cette fois avec René Claude. Les spectateurs étaient choyés. Les touristes américains et autres étrangers firent connaissance pour la toute première fois de l'expérience d'un concert d'Harmonium. Certains, comme nous le verrons, en avaient la bouche ouverte, suspendus dans l'espace-temps de cet événement extraordinaire.

Pierre Touzain était un organisateur des communications dans l'âme. Son équipe était composée d'un ensemble de copains, camarades et complices, s'occupant de la mise en place physique et totale d'événements. Pierre avait aussi planifié un souper nous réunissant avec un bras droit de son équipe, d'une part, et un gentleman ministre, député ou je ne sais plus trop – pardonnez ma mémoire – d'autre part... Mais j'ai tout de même retenu le film de ce souper historique.

Après avoir terminé les tests vers 18 heures, nous nous rendîmes à un petit hôtel non loin de la Place Royale, où une suite nous servant de loge avait été réservée le temps de notre bref séjour de quelques heures. Décidément, Pierre Touzain, mon beau-frère (il était, à l'époque, le conjoint de la sœur de ma femme Jojo), ne faisait pas les choses à moitié. Lui et son équipe étaient de véritables fans de la musique d'Harmonium. Ils le démontrèrent par leur chaleureuse hospitalité, et l'organisation de tout l'événement.

Nous nous rendîmes à pied de l'hôtel au restaurant, passant par une ruelle de l'époque de la Nouvelle-France, parlant tous en même temps, heureux et excités à l'idée d'être là, la pensée du concert de la soirée ne quittant point notre esprit jusqu'au moment de sa conclusion.

Le restaurant de cuisine française, véritable monument historique situé au cœur de la basse ville de Québec, témoignait de la présence de la France en terre d'Amérique. C'était une partie importante du patrimoine du Vieux Québec, dont Pierre et ses hommes avaient géré la rénovation, l'entretien, la sécurité, le financement, etc.

J'avais présenté Serge, Michel et Louis à l'honorable Monsieur qui arriva en même temps que nous, face aux vieilles portes du célèbre restaurant type Nouvelle-France.

Une longue table à la mise en place impeccable nous attendait. Durant quelques minutes, temps de l'apéro, il posa diverses questions judicieuses à Serge, Michel et Louis.

Au moment de la présentation du grand menu de la maison, la personnalité politique savait qu'Harmonium était un groupe nationaliste. Pierre Touzain, mon beau-frère, travaillait pour les libéraux qui étaient alors au pouvoir[51]. Donc, pensais-je, cet homme au costume trois-pièces, avec mince chaîne en or au bout de laquelle était fixée une montre de poche, en or elle aussi, doit être libéral.

Les gars du groupe quittèrent le resto avant nous, afin de rejoindre la grande scène de la Place Royale, où les attendaient des centaines de spectateurs sous les doux rayons du soleil couchant de juillet. Soirée idéale sous les étoiles pour un concert d'Harmonium.

Pendant le digestif, la conversation fut agrémentée de sujets divers, tous liés à la nouvelle musique du

---

[51] *Le Parti Québécois ne sera élu qu'à l'automne 1976.*

Québec et du mouvement nationaliste et culturel qui s'agitait dans la province.

Mais il ne fallait surtout pas manquer le concert qui allait commencer sous peu! Le bras droit de Pierre précisa, après un appel téléphonique au QG derrière la grande scène de la Place Royale, que tout était prêt.

Des gardes de sécurité nous accompagnèrent ensuite, dès notre sortie du restaurant, jusqu'à la scène. Pierre présenta cette personnalité politique, en soulignant sa présence en arrière-scène et qui représentait les affaires du patrimoine culturel du Québec. La foule surexcitée maintenant réagit en un long applaudissement. Les touristes étrangers contemplaient le tout sans rien y comprendre, avec éblouissement.

Puis, tout l'éclairage de la grande scène s'illumina soudainement, alors que l'ombre du ciel nous enveloppait tous comme une immense bulle. La foule se mit à scander « Har-mo-nium! Har-mo-nium! »…

Lorsque Serge Fiori entra sur scène le premier, suivi de tout près par Michel et Louis, la première centaine de spectateurs qui attendaient depuis 3 ou 4 heures, commença à chanter pour Harmonium… !

D'abord, on les entendit chanter « Où est allé tout ce monde… », puis d'autres spectateurs entonnèrent « Pour un instant », d'autres se mirent à taper des mains sur le même rythme. N'en fallait pas plus pour que Serge, en se penchant vers son microphone, s'exclame :

— Allô ! Vous êtes beaux ! Lâchez pas !

Impossible de commencer, les tours de sonorisation retournaient à la masse de spectateurs les chants qu'elles émettaient. Ils s'entendaient chanter au loin, leur voix amplifiées par les deux tours de sonorisation leur faisant face.

Serge chatouilla alors sa 12 cordes avec l'introduction d'une chanson massue, *Harmonium* : « Imaginez, qu'un homme musicien, vienne voir si je suis vivant, habillé de par ses mille instruments, y'en avait un pour moi, justement... ». Le concert débutait.

Une heure plus tard, une suite interminable de rappels : « En-core !... en-core !... en-core !...». Renée Claude, en deuxième affiche, commençait à s'énerver dans la loge. Fallait que ça arrête, non ?

Mon beau-frère, réputé pour son style direct, vint me prévenir de l'urgence de la situation en me demandant d'arranger la transition. L'histoire se répète. Je retournai en coulisse, côté jardin, Michel me remarqua, je levai la main droite, mis mon index sous le menton, et lui fit signe de me trancher la tête afin de conclure le concert.

À la fin « D'un musicien parmi tant d'autres », le groupe quitta la scène, mais le peuple continuait à chanter en tapant des mains et des pieds. Ces sons martelés et amplifiés, résonnèrent et se répercutèrent alors sur les quatre murs de pierres historiques de la Place Royale. Nous avions gagné !

L'ombre

Pierre nous avait tous invités à un après-spectacle strictement réservé à tous ceux qui avaient travaillé à la production, la présentation et à la sécurité de l'événement, dans une discothèque *hot* du Vieux Québec. Les membres du groupe Harmonium retournèrent sagement à l'Hôtel privé, car nous avions un autre concert le lendemain. De toute manière, les *partys d'après-spectacles* n'étaient pas très courus par les membres du groupe, surtout dans une discothèque. Ce n'était pas leur genre, contrairement à nos jeunes roadies qui en profitaient toujours pour lever les plus belles filles parmi les spectateurs et s'éclater.

Vers 2 h du matin, Pierre et moi, légèrement de bonne humeur, nous fîmes l'accolade des beaux-frères, heureux de notre succès, avant de me retrouver dans une ruelle du Vieux Québec, marchant lentement à la recherche de ma nouvelle voiture – une grosse Oldsmobile toute neuve – que je n'arrivais plus à retrouver.

Je sentis brusquement un frisson me traverser de la tête aux pieds. Pourtant, la nuit était chaude, presque autant que moi…

Mais que faisait ce vieil homme qui, au tournant de la ruelle, apparut soudainement devant moi? J'en restai suspendu, un pied dans les airs. Il était très étrange, pour ne pas dire, lumineux.

« J'hallucine ! », me dis-je sans réfléchir. Mais non, car en continuant mon chemin, je le percutai ! Il était vrai...

— Pardon Monsieur !

— Ne vous excusez pas d'une chose dont vous n'êtes pas coupable. Écoutez-moi bien et retenez ceci : un jour, vous appartiendra la décision d'écrire ce que vous vivez maintenant. Vous n'aurez pas le choix. Étant donné votre état actuel, il est fort possible qu'à votre lever, demain, vous ayez oublié notre rencontre et mes paroles. La vérité libère...

Sur ces mots, il tourna les talons et disparu dans la nuit aussi rapidement qu'il était arrivé !

« La vérité libère ? Il n'a pas l'air d'un clochard, tout au contraire ! Bah... il est plus que temps que je retrouve ma voiture. Et hop ! Au dodo Ladouceur, ça presse ! ».

50

La Place des Nations

Vint ensuite la Place des Nations, mercredi soir le 10 juillet 1974, en double-billing (double concert) avec José Feliciano. Mais, au bout de la première heure du concert, la foule en redemandait. Si Harmonium n'avait pas continué, il y aurait certainement eut émeute.

Des milliers de spectateurs applaudissaient et criaient le mot Harmonium...Harmonium... Harmonium... pendant plusieurs minutes. Puis Harmonium fit un premier retour sur scène. Les musiciens durent attendre, tant la foule était excitée. J'étais plongé au centre d'un tourbillon d'énergie, au milieu des spectateurs, derrière la console de sonorisation.

Des tours immenses de son s'élevaient en hauteur aux extrémités de la scène. Les guitares acoustiques reprirent, avec toujours plus de résonances, et devinrent aériennes. La moindre harmonique de Serge à la guitare faisait trembler la racine des cheveux...

Les gens d'Audio-Analystes, en plus de fournir l'amplification monstrueuse et les *murs de son*, avaient délégué celui qui représenta ensuite le meilleur, le plus drôle, le plus complet et mature des mixeurs[52] que j'aie connu, et qui devint un excellent ami et grand complice : Gatien Roy. Un maître des fréquences de l'audio acoustique, celui-là même qui mixera plus tard le fameux concert en quadraphonie d'Harmonium au Centre Sportif de l'Université de Montréal.

Le groupe présenta le plus aérien et planant concert qu'il m'ait été donné de voir et d'entendre depuis le début de son existence. Vers la fin du spectacle – Harmonium devait jouer durant 60 minutes et Feliciano durant 90 minutes –, en débutant « *Un musicien parmi tant d'au*tres », des milliers de spectateurs clappaient des mains et chantaient « *où est allé tout ce monde qui avait quelque chose à raconter…*». Ces milliers de voix percutant le béton de la Place des Nations résonnèrent jusque dans les loges, à une centaine de pieds derrière la grande scène, où José Feliciano commençait sérieusement à perdre patience.

Un assistant de Marc Latraverse[53], producteur du double-spectacle, arriva à bout de souffle jusqu'à la console de sonorisation pour m'informer, en parlant à la vitesse d'une mitraillette, que ma présence était requise d'urgence dans la loge.

Tant bien que mal, je me faufilai dans cette foule surexcitée, jusqu'à la grande loge, le « bunker », derrière la scène. Une situation déconcertante m'y

---

[52] *Celui qui manipule la console de mixage de tout l'audio, incluant les effets sonores spéciaux.*
[53] *Frère de Guy Latraverse, grand patron de Kébec-Spec.*

attendait. Marc Latraverse m'informa, dès mon entrée, que José Féliciano venait de « *péter toute une crise* » à son manager et aux responsables de la production de l'événement. Il menaçait d'annuler sa participation au spectacle.

— Quoi?! demandais-je à Marc, le souffle coupé.

— Pourquoi?

— Il a le feu au cul, mon Yves! J'ai fait tout ce que je pouvais afin d'expliquer à son manager que le groupe Harmonium était adoré du public, que ses fans étaient surexcités, et que de mettre fin à leur performance risquait de déclencher une émeute. Je lui ai même offert un cachet supplémentaire pour qu'il soit patient. Le manager ne peut rien y faire. José *capote* depuis 20 minutes. Yves, tes gars ont fait combien de rappels?

— Bah… 4 ou 5. Marc, c'est involontaire de leur part, tu le sais bien. Si nous arrêtons Harmonium, je ne garantis rien. As-tu pris des bonnes assurances?

Marc blêmit. Notre conversation fut brusquement interrompue par des cris stridents provenant du fond du bunker, où la gang de Feliciano s'était rassemblée pour ne pas dire « figée ». Le manager nous aperçu et se précipita sur nous, comme un taureau prêt à charger.

— What the fuck is goin'on? s'exclama-t-il.

— We are very sorry Sir… Yves and I will arrange this… Please, explain to Mr. Feliciano that we are doing our best… de répondre Marc.

— Fuck that shit! Stop that show! Now! Cria le manager chargé à bloc.

Du fond de la loge, Feliciano s'écria à son tour :

— You should have told me! I didn't know, I'd be playin' on the same billing as the *Crosby, Stills Nash& Young of Quebec*, fuck!

Marc et moi regardions le plafond. Que faire ? Si Marc va sur la scène et dit au public que le groupe doit s'arrêter pour laisser la place à Feliciano, ça va exploser, me dis-je.

Je m'absentai, le temps d'aller satisfaire un besoin urgent, mais l'anxiété m'empêchait de me soulager. Au lieu de cela, fixant le mur, un gros flash jaillit et me coupa l'envie.

Je retournai en courant retrouver Marc, impatient de lui communiquer mon flash.

— Marc, j'ai une idée : je vais dire à Serge que José Feliciano arrivera sur la scène, sans prévenir, vers la fin du rappel en cours, et qu'il s'approchera de lui et disant au microphone « Vive le Québec ! Vive Harmonium ! ».

— Ladouceur, t'es fou ? Il n'embarquera jamais, c'est une star !

— On a rien à perdre! Parle à son manager et pendant ce temps, je vais faire en sorte que Serge soit informé pour qu'il joue le jeu, OK ?

Marc, l'air abattu et décontenancé, se dirigea aussi allègrement qu'un chien fidèle dont le maître venait de mourir, vers le manager de José. Je quittai la loge et me dirigeai vers l'arrière-scène. Puis, discrètement, je m'approchai de Serge par derrière. À la vue de cette foule, j'en mouillai presque mes jeans. Le groupe était au refrain final de la chanson *Harmonium*, et la foule chantait les « *la-la-la* » avec le groupe. Je tapai sur l'épaule de Serge, et il se pencha vers moi. Le public continuait de chanter.

— Serge, José a pété une grosse crise. Il faut absolument arrêter tout de suite après cette chanson. Laisse la foule chanter pour donner le temps à Feliciano de se rendre ici. N'oublie pas qu'il est aveugle ! Il ne te verra pas. Quand toi tu le verras, dis quelque chose au public, n'importe quoi, mais dis son nom. Ensuite on verra, OK ?

Miracle! Marc Latraverse avait convaincu le manager, qui avait convaincu son artiste. Les voilà donc montant les escaliers de la scène, le manager guidant les pas de son artiste aveugle ; il le conduisit à quelques pas, derrière Serge. La foule cessa progressivement de chanter. Serge s'exclama en disant à la foule :

— Lâchez pas ! Le party continue !

Le manager guida José jusqu'au microphone. C'est alors que Feliciano s'exclama dans un semblant de français à l'accent latino : « *Viva Quebec ! Viva Harmonium !* ». Ce fut l'extase. La foule se mit à crier de reconnaissance. Serge suspendu dans les airs, réagit dans ce qui me sembla durer une éternité.

— Lâchez pas, ça continue avec José Feliciano !

Puis, dans un geste magique, il mit la main sur l'épaule de la star, qui le gratifia d'un large sourire.

Magie de la musique, magie des mots, magie à la Fiori. La foule donnait sa « bénédiction », enchantée, soumise, et touchée par cette scène historique. Le manager apporta à José sa superbe guitare Ovation, tira un banc de scène, et l'aida à s'asseoir.

Comme le grand artiste qu'il était, José commença à gratter sa guitare avec les superbes accords de sa version de la chanson « *Light my fire* »[54]. Ce fut l'apothéose. Ce soir-là, José Feliciano se surpassa !

***

---

[54] *Une reprise extraordinaire du succès du groupe « The Doors ».*

51

L'Astrolab

À Ottawa, dans le grand parc situé près du Parlement, Harmonium présenta un concert à l'auditorium extérieur appelé l'Astrolab. C'est le 21 juillet 1974 et c'est à cet endroit que les grands spectacles sont présentés durant l'été.

Un samedi radieux, le soleil est très chaud, et il y a une brise fraîche et légère qui donne le goût de vivre l'été, de remplir sa journée de pleins de petits bonheurs. Tout va bien, le camion contenant la sonorisation arrive à l'heure, l'installation se déroule plutôt assez rapidement.

Les musiciens sont là, sur scène, pour le premier test de son. Il est approximativement 17h. Le concert débutera vers 20h30. Puis, nous éprouvons des difficultés techniques, du « feedback » se fait entendre dans les moniteurs de scène. Tout va mal soudainement. Heureusement, il y a très peu de spectateurs.

C'est alors que ma femme, la petite Jojo[55], assise à la droite de la scène à quelques pieds d'une tour de sonorisation, passe à un cheveux de la mort. Une immense caisse de son, celle tout en haut de la tour, se met à *chambranler*, puis tombe avec un fracas

---

[55] *Elle mesurait moins de 5 pieds.*

terrifiant – tous les microphones étant ouverts –, sur la scène.

J'étais au centre de l'auditorium, près de la console de mixage. J'avais crié, en voyant vaciller cette boîte monstrueuse, pour prévenir Jojo. Mais elle ne m'entendit pas. Heureusement, Louis Valois et Serge m'entendirent, se tournèrent et virent la boite de son descendre et crièrent en direction de Jojo, qui soudainement se rendit compte que quelque chose n'allait pas. Un roadie, je crois, la poussa et la boîte lui effleura la tête avant de percuter le plancher. Ouf! Jojo était passée à un doigt de la mort.

Jojo, ensanglantée et à peine consciente, le crâne ouvert, couchée sur la scène, nécessitait des points de suture. Quelques personnes présentes restèrent complètement figées sur place, alors que je criais au type responsable d'appeler une ambulance.

Je n'ose imaginer ce qui se serait produit si cette même boîte avait plutôt atterrit directement sur Jojo ou, le soir du concert, sur l'un des membres du groupe ou encore sur l'un ou plusieurs spectateurs. L'horreur.

J'ai donc passé plusieurs heures à l'urgence de l'hôpital, ma femme hospitalisée, subissant des batteries de tests. Je n'ai pas assisté au concert. Jojo s'en sortie avec plusieurs points de suture sur le crâne.

Heureusement, Harmonium fit, selon ce que j'appris le lendemain, un concert extraordinaire.

Mais, vous comprendrez que c'est tout ce dont je me souviens !

***

52

Harmonium au Lac

Gentiment, les ondes radiophoniques matraquaient nos oreilles avec plusieurs des chansons du premier album du groupe dont « Pour un instant » ou « Harmonium » – la chanson éponyme de l'album –, et « T'es mon amour, t'es ma maîtresse ! » de Jean-Pierre Ferland et Ginette Reno.

Tels étaient les gros succès de l'été 1974, heureuse combinaison bienfaisante aux oreilles des Québécois.

Souvenez-vous que le groupe avait, quelques semaines plus tôt, partagé la grande scène extérieure du stade du Parc Jarry avec Ginette Reno et Ferland.

Cette fois, c'est à Roberval au Centre Sportif Benoît Lévesque (Lac-Saint-Jean), le 1er août 1974, que Jean-Pierre Ferland et Harmonium vont partager un double concert devant plus de 3000 spectateurs enchantés.

C'est alors que je remarquai la très talentueuse Judy Richards. Jean-Pierre était plutôt choyé par les talents de ses trois choristes dont Judy faisait partie. Il y présenta ses classiques, dont les chansons de chacun de ses grands albums.

L'été, le soleil, les belles hippies du Québec, la route, l'énergie du public, la magie du disque et l'ambiance surnaturelle du concert, qui s'améliorait d'une représentation à l'autre au grand plaisir des spectateurs, nous transportaient tous de joie.

Nous terminions en beauté et en agréable compagnie le dernier événement de la première tournée. Les dés avaient été jetés. Dans la loge, nous étions une grande famille, bénie par l'amour de la musique et du public. Nos sentiers respectifs s'étaient croisés à nouveau.

Ce n'était plus qu'une question de temps pour qu'un élément heureux vienne s'ajouter à la Cinquième Saison, la voix lumineuse de Judy, dans la future musique d'Harmonium.

***

Ci-haut : « Les Barons ». Première formation musicale qui allait devenir « Les Révoltés », avec Yves Ladouceur (coin inférieur droit).

Yves Ladouceur, à 20 ans.

À gauche : Yves Ladouceur, en octobre 1971

Yves Ladouceur (coin supérieur droit) entouré de ses parents, frère, sœur ainsi que sa petite fille Pastelle.

213

Ci-bas, Yves Ladouceur, animateur et directeur des programmes
à CKVL-FM en 1972.

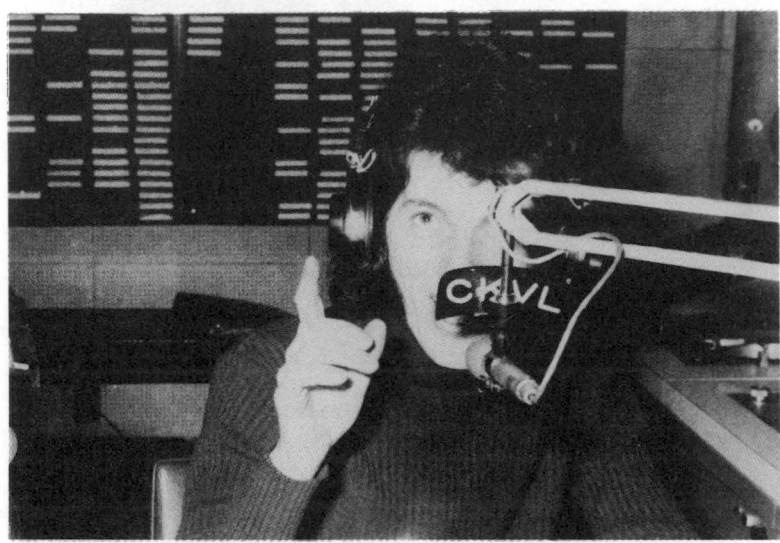

Ci-haut : au Studio Tempo, durant l'enregistrement
de la série « Performance », automne 1974.

De gauche à droite : Serge Locas, Louis Valois et Serge Fiori, en représentation au Centre Sportif Paul-Sauvé, le 5 octobre 1974, lors de la tournée intermédiaire, avant celle des Cinq Saisons.

Ci-haut : Louis Valois et Serge Fiori, en arrière scène à la Place des Arts, dans la salle de répétition le 11 juin 1974.

215

À gauche: photo tirée de la collection personnelle de Géo Giguère

À gauche : Serge Fiori, photo tirée de la collection personnelle de Géo Giguère.

Serge Fiori, le leader du groupe Harmonium.

Ci-haut : Louis Valois, tournée des Cinq Saisons.

Serge Locat pendant la tournée des Cinq Saisons. Photo du haut : extraite de la collection personnelle de Géo Giguère.

Photos de Michel Normandeau : tournée des Cinq Saisons.

Ci-contre : Denis Farmer. Photo tirée de l'Eptade – collection personnelle de Géo Giguère

Ci-haut : Pierre Daigneault

BILL KEARNS

Mar. 12/75

Dear Yves,

I heard a test pressing of the new "Harmonium" l.p. just the other day. I wanted to write + tell you how much I enjoy it + what an exciting record I think it is.

Since receiving it, I have played it at least seven times + still find a great deal of pleasure in listening.

I think it will be a giant, + hope that we can work together on future products.

Please convey my congratulations to "Harmonium".

I think the public will love it.

Sincerely

Bill Kearns

Lettre de Bill Kearns (Siège social – Éditions – Quality)

De haut en bas de la pyramide : Michel Normandeau, deuxième rangée à gauche Louis Valois, à droite photo prise lors de la remise de disques d'or à Harmonium et son équipe pour leur premier album « Harmonium » (Mark Morell, Clément Dufresne, Michel Normandeau, Bob Morten, Louis Valois, Jack Vermeer, Serge Fiori et Yves Ladouceur).

Le Ménestrel sur l'échiquier...

Troisième Partie

53

L'arrivée de nouveaux joueurs

Nous voilà déjà au début du survol de la troisième et dernière partie de notre histoire, la plus importante, car elle révèle une dimension quasiment surnaturelle à certains événements de son nœud et de sa conclusion...

Entrent en scène deux personnages additionnels qui apporteront une authenticité sonore et visuelle beaucoup plus large, colorée et dynamique au trio.

Le Ménestrel sur l'échiquier se revêt d'images magiques, de textures sonores acoustiques, électriques, spatiales et symphoniques. L'apport de ces deux musiciens se reflétera désormais dans la musique du groupe. L'orientation entière de la direction artistique et de la gestion commerciale des affaires du groupe et de Concept-Québec sera modifiée et focalisée. À folle vitesse, un tourbillon va nous projeter sur une vague captivante et enivrante.

Les retombées de ce tournant artistique et musical, stratégique et commercial vont nous aider à rassembler 100,000 fans additionnels, loyaux et vrais !

Dans les pages qui suivent, je ne tenterai pas de vous relater tout ce qui s'est passé, néanmoins, j'accorderai une importance aux grands événements ayant marqué la période de 5 mois – du 2 août 1974 au 23 décembre 1974 – pour entrer directement dans les Cinq Saisons, étant donnée la vitesse très rapide de la suite des événements.

L'arrivée de Pierre Daigneault

Fait étrange, après avoir maintes fois consulté mes archives, registres et autres notes personnelles, j'ai peu d'information sur l'arrivée de Pierre dans le groupe. Comme s'il avait été naturel qu'il joigne les rangs de notre équipe, sans tambour ni trompette. Mais, si ma mémoire est bonne, c'est à travers Serge Fiori que Pierre Daigneault fut introduit dans le groupe. Je crois qu'ils s'étaient connus au Cégep dans le cadre d'une formation en musique.

Si la manière de son entrée dans le groupe a disparu de ma mémoire, son apport à la musicalité du groupe m'a d'autant plus marquée : son bagage musical, son enseignement, sa versatilité et sa souplesse faisaient de Pierre Daigneault un artiste tout à fait remarquable. Parmi ses qualités, une solide formation de multi-instrumentiste : flûtes traversières en sol et en do, piccolo, sax soprano, clarinette, clarinette basse, flûte à bec.

Le Ménestrel de l'ère médiévale apparaissant sur la pochette du premier album, *cet homme habillé par ses mille instruments...* prenait de plus en plus forme, mais ne sera complété que par l'arrivée de Pierre Daigneault et Serge Locat.

Avec l'ajout de ces deux formidables musiciens, Fiori aura tous les moyens et le support nécessaires à ses grandes envolées « guitaristiques » autant qu'à ses histoires qu'il racontait si drôlement. Locat deviendra un clown de scène génialement fou et un beau génie des 88 notes.

***

L'arrivée de Serge Locat

J'avais écrit et réalisé, au Studio Tempo en mai 1974, un document sonore de démonstration pour Unisson. Steve Grossman était l'un des propriétaires de cette nouvelle compagnie de production de thèmes publicitaires.

J'engageai Serge Fiori et le chargeai de la composition du thème musical du document sonore et également comme guitariste lors de l'enregistrement. Serge, Michel et Louis chantèrent le thème. Les voix de Jacques Marchand et de Reine Malo complétaient le spot publicitaire par certaines narrations.

Pour ce qui est des claviers et du piano, j'engageai les services de Serge Locat – que je voyais pour la première fois – et dont le nom m'avait été recommandé par un ami. Serge Locat venait de terminer l'enregistrement d'un nouvel album avec Donald Lautrec.

J'allai le chercher chez lui, le 4 mai 1974, pour l'aider à transporter ses instruments au Studio Tempo.

Les deux Serge – Fiori et Locat – ne se sont pas rencontrés en studio lors de la production. Cependant, j'ai fait entendre le résultat final à Serge Fiori quelques semaines plus tard et il fut fort impressionné par le grand talent de pianiste et claviériste de Serge Locat. Ce n'était qu'une question de temps pour que ce dernier devienne membre du groupe Harmonium.

Je dois dire que ces deux petits nouveaux – Daigneault et Locat – n'eurent pas droit à une grande part du gâteau des redevances étant payées à Harmonium. Le premier album étant déjà publié et le deuxième en voie de l'être, ils ne toucheront qu'un salaire pour chaque performance rendue – la majorité des voix d'Harmonium le voulant ainsi.

Cependant, leur arrivée créera un effet de levier dans la musique d'Harmonium et ils apporteront beaucoup de support au groupe. N'est-ce pas ce que Serge avait toujours rêvé ?

***

54

Concept-Québec

Il n'y a pas encore un an qu'est née mon entreprise, voilà que je dois déjà revoir les stratégies et le plan de gestion de la carrière du groupe.

Pendant que les 5 musiciens vont s'engager à fond dans un processus de création et de préparation du deuxième album, je vais travailler à solidifier certaines de nos alliances en assurant une transition vitale dans l'évolution du groupe. Tout passe ou tout casse! C'est notre Rubicon!

C'est la vérité qui se dévoile, le mythe qui prend forme avec l'ajout de nouveaux alliés. Comme nous le verrons, certains s'en sortiront grandis avec une auréole lumineuse, alors que d'autres seront pris à leur propre jeu. Sur le grand échiquier, la défaite se coule dans le béton, alors que la réussite s'inscrit en lettres étoilées…

C'est l'arrivée de ces deux multi-instrumentistes[56] qui va me guider vers la réorientation de la direction artistique du groupe. De plus, les gens de Quality sont très excités : ils ont déjà vendu plus de 75,000 unités de premier album depuis mars 1974. Ils ont droit à un deuxième et dernier album. Puis, fin du

---

[56] *Pierre Daigneault et Serge Locat.*

contrat exclusif avec Concept-Québec pour Harmonium, à moins que…?

Déjà, les groupes d'intérêts modifient leur positionnement respectif sur l'échiquier du Ménestrel. Parallèlement, les promoteurs de spectacles de toutes les régions du Québec me contactent à Outremont, où j'ai installé mes quartiers, ceux de Concept-Québec et des Éditions-Productions Harmonium, au 622, de l'avenue Outremont, depuis juillet 1974. Mon numéro de téléphone sera inscrit sur la pochette arrière de l'album, rubrique « Direction/gestion artistique », afin de coordonner les communications.

Lorsque j'y pense, le nouvel alignement décrivait bien chacune des saisons : Serge Fiori, la cinquième – Michel Normandeau, le printemps – Louis Valois, l'automne – Pierre Daigneault, l'été – Serge Locat, l'hiver.

Fiori se découvrit le talent de « tapeur de cuillères », Normandeau d'accordéoniste, Locat de comique[57], Valois de *belle gueule*[58] et Daigneault de musicien-clé.

Il y eut aussi un réalignement complet de l'équipe de sonorisation. Fini, le temps des Altek Lansing de

---

[57] *Un jour, Serge Locat avait enlevé son soulier et son bas, après avoir défié en riant Serge Fiori, pour ensuite jouer avec ses pieds un petit air sur le clavier.*

[58] *Les femmes avaient toujours un petit faible pour le joli minois de Louis Valois.*

CKVL-FM. Fini le temps des boîtes monstrueuses qui s'écrasent sur scène dans un fracas de feedback!

Le mixeur aux oreilles de cristal entre en jeu : Gatien Roy. À la mise en scène et l'éclairage, Pierre Labonté inventera des couleurs pour chacune des Cinq Saisons, sans compter celles des chansons du premier album.

Pour m'aider, je déléguai une partie du « placement-spectacle » à l'agence APA, afin qu'elle prospecte auprès de différents départements socio-culturels du milieu étudiant. Alain Paré, propriétaire de l'agence APA, engagea Diane Pinet[59] afin qu'elle se concentre sur le dossier Harmonium. J'avais connu Diane lors d'un concert présenté par le groupe à la Polyvalente de Pierrefonds.

Toutes les gangs régionales sont maintenant en place incluant celle récente de la région de l'Abitibi-Témiscamingue. La popularité du groupe me semble progresser au même rythme que celle du PQ et de Monsieur René Lévesque.

Concept-Québec se réserva la coproduction de plusieurs des concerts. Ainsi, Jacques Beaulieu et Bernard Fabi de la Société Nouvelle Productions de Sherbrooke se voient déléguer la promotion en coproduction avec Concept-Québec de certains concerts en 1974 et en 1975.

---

[59] *Diane Pinet et l'agence APA furent responsables de plus d'une dizaine de concerts inclus à l'affiche de la tournée les Cinq Saisons entre mars et juillet 1975, sans compter certains des concerts à l'affiche de la tournée intermédiaire de l'automne 1974.*

Parmi les autres promoteurs régionaux : Pro-Actuel – alors propriété de Pierre Blais et de Pierre Fortier –, Les Productions Perle – propriété de Michel Perrotte –, pour n'en nommer que quelques-uns[60].

***

---

[60] *Voir annexes des tournées 74-75 à la fin du présent ouvrage.*

55

Serge et Michel à New-York

Quelque part durant la transition des premières heures de l'automne 1974, Serge et Michel partirent vers New-York afin de retracer ce fameux endroit, où un *pickup* de guitare acoustique très unique par sa fidèle reproduction des richesses imprégnées dans les boiseries du corps de résonance de la guitare, les attendait.

Nommez-les, James Taylor, Doobie Brothers, America C.S.N.&Y, tous utilisaient déjà ce condensateur préamplifié qui, une fois bien fixé à l'endroit stratégique du corps de l'instrument, emplissait les stadiums américains.

Cette petite technologie – le FRAP – qu'ils achetèrent à New York permettra à Harmonium d'utiliser une ligne directe jusqu'à la console de mixage où les guitares seraient positionnées spatialement en spectrum, émettant une sonorité aux multiples richesses couvrant toutes les fréquences acoustiques du corps de l'instrument. Brillant!

L'idée d'agrandir le trio original avait continué de flotter à l'esprit de Serge. Il aurait été fort imprudent de bousculer le timing de l'avancée.

Dès le mois d'août 1974, j'avais déployé une toute nouvelle équipe de sonorisation pour supporter Serge dans sa démarche. Pierre Labonté s'était déjà ajouté pour rehausser l'éclairage et la présentation scénique.

Deux jeunes – André Normandeau, frère de Michel, et un ami – avaient aussi été ajoutés à l'équipe de route. Les deux étant guitaristes, en plus d'installer tous les instruments sur la scène, ils en vérifiaient aussi l'accordement et se méritaient les plus belles hippies qui s'adressaient à eux pour avoir accès à Serge et Michel, à moi ou à Jojo.

Ainsi équipé et entouré, Serge ressentait une pression différente, plus sécurisante.

De son côté, Michel s'améliorait progressivement à la guitare, alors que Louis avait commencé à utiliser le piano électrique sur scène.

Technologie, design et divertissement composaient, à l'aube de l'automne 1974, la panoplie d'éléments entourant et supportant Harmonium sur scène. Prêts pour une deuxième tournée?

***

56

Voyage à Morin-Heights

Journal personnel...

Ce jour du 27 septembre 1974 fut particulier, symbolique et historique. Dans les Laurentides, les gars et moi nous sommes tapé tout un beau trip au Studio Morin-Heights.

André Perry[61] et sa femme nous ont reçus royalement. Le superbe studio de type « in the country » qu'ils avaient érigé, et les petites maisons autour du lac naturel et sauvage donnant sur un domaine, étaient nichés dans une vallée au cœur des montagnes, entourés par les couleurs panoramiques de la nature à perte de vue, des couleurs d'automne inoubliables.

Les chansons du premier album ainsi que « Vert » et « Dixie » du futur album « Les Cinq Saisons » furent enregistrées sur ruban magnétique stéréophonique, le mixage se faisant au fur et à mesure de l'enregistrement.

C'est un test qui nous permettra de jauger la performance en direct des récents et nouveaux arrangements de toutes les chansons du premier album et de tester aussi les deux nouvelles « Vert » et « Dixie ».

---

[61] *Propriétaire du Studio Morin-Heights à l'époque.*

J'ai déjà planifié et organisé la diffusion de cet enregistrement par CHOM-FM, dans le cadre d'un Spécial Harmonium de 60 minutes que va présenter à l'automne Jeffrey Oliver Brown.

On ne pouvait trouver décor plus beau et approprié pour enregistrer. Concept américain déjà éprouvé par plusieurs artistes et producteurs en Californie, le fait d'être dans un environnement conçu spécialement pour travailler sérieusement tout en relaxant, facilite l'enregistrement et la performance des chansons du nouveau spectacle.

Je piaffais d'impatience, tant j'avais hâte de voir la réaction du public lors de la prochaine tournée de concerts qui allait être présentée entre le 5 octobre et le 12 décembre 1974 avec ces deux nouvelles chansons. Je décidai qu'il fallait absolument garder du temps de libre à l'agenda du groupe pour enregistrer le deuxième album en janvier 1975.

✳✳✳

57

Toronto

Journal personnel...

J'adore voler à 20,000 pieds. Comme dans une bulle bleutée flottant dans la ouate. De voir ces figures que présente la terre à cette altitude me donne le goût de conduire Harmonium à l'extérieur des frontières du Québec.

Quelques mois auparavant, nous avions pris le train, Serge, Michel, Louis et moi, pour aller faire le concert à York University. Cette fois, je suis seul dans ce bel oiseau métallique brillant me propulsant vers ma destinée, afin de discuter avec les décideurs de Quality Records of Canada, d'un plan d'ensemble intégré pour la promotion et la commercialisation de la 2e tournée et du prochain album « Les Cinq Saisons ».

Pensée globale / action locale, un aller-retour captivant pour moi. Une journée d'affaires en musique à Toronto, reçu à l'aéroport par la Continentale de Jack Vermeer, mon hôte avec le président de Quality, Mr. George Struth, que je rencontrai au « business lunch » et qui nous attendait dans la grande salle de conférence, très protocolaire, au look « biblio-musée british ».

Chaleureusement, j'eus droit à un tour complet des bureaux de l'administration, des entrepôts de distribution et de l'usine de pressage très hot, où des galettes de vinyle composé se faisaient aplatir par des presses mécanisées, produisant des vinyles de 12 pouces, incorporant dans leurs sillons d'enchanteresses particules électromagnétiques d'air transportant les chansons de mes boys et amis.

Ébloui par tant de chaleur et par le *ruminement* de ces machines époustouflantes, j'adressai un salut à ces travailleurs, qui, à la sueur de leur front, enduraient ce lieu infernal pour gagner leur pain et matérialiser les chansons « de ce drôle de groupe qui vient du Québec ». Un salut les remerciant de la part de tous les jeunes québécois, de la génération des « seventies », des boomers, des hippies du Québec, des gangs régionales d'amis et de fans d'Harmonium.

Au retour à la salle de conférence, un bar de chêne encastré fut ouvert et mis à notre disposition. La pire torture à offrir à un gars qui n'a pas encore eu le temps de déjeuner. J'acceptai quand même un soupçon de champagne.

Comme les Cinq Saisons, nous étions 5 à la table : Le président M. George Struth, le VP finance Mr. Joe Howens, Jack Vermeer - VP commercialisation, le producteur exécutif du répertoire et du disque devenu un ami - Bob Morten, et moi-même.

George Struth se leva et présenta sa coupe de champagne à l'assemblée.

— Gentlemen, I propose a toast to Harmonium et Mr. *Ladusir*!

« Wow », me dis-je, « Mon nom de famille vient de manger une claque! ».

Puis, trêve de blabla, un « rosbif » nous fut servi, précédé d'une entrée, va de soi.

Je dus agrémenter le repas de propos, la plupart portant sur le groupe et le Québec. Chacun de mes hôtes me posait des questions autant à caractère professionnel que personnel.

Ils aimaient cet étrange groupe du Québec. Après tout, le premier album n'était-il pas déjà en voie de devenir platine ? N'avions-nous pas plus de 100 000 fans au Québec ? Ce groupe n'avait-il pas tourné en portant un discours nationaliste, en chantant des histoires en français pour le peuple ? Et moi, le Ladusir, ce manager chevelu et barbu qui parlait aussi fort qu'un Normand, que voyait-il et surtout quels étaient ses plans et objectifs ?

Représenter ce groupe contemporain le plus Québécois au cœur du Canada anglais et côtoyer ces hommes du show-business était, croyez moi, tout un paradoxe, mais follement beau, excitant et passionnant.

Le respect manifesté par mes hôtes canadiens-anglais, dans la ville Reine, m'impressionna. Les documents qu'ils me présentèrent – ventes de l'album au Canada – aussi.

Comment partager ma vision avec eux sans trop dévoiler ma stratégie, tout en harmonisant nos efforts ensemble pour continuer sur la route de la réussite ? J'étais prudent. Après tout, j'avais aussi une conviction politique, même si nous faisions de la musique ! Ils se bourraient les poches et le cash sortait du Québec. Cependant, ils méritaient de récolter, ayant été les seuls à prendre « le beau risque » d'obtenir de Concept-Québec les droits exclusifs d'exploitation commerciale des deux premiers albums.

N'allions-nous pas faire un double avec Monsieur René Lévesque, à peine quelques mois plus tard, lors de la tournée et de la publication des Cinq Saisons ?

— Quelle est votre vision, Mr. Ladusir ? me demanda le président Struth[62].

— Et bien, tout d'abord, je vois une courte tournée entre le 5 octobre et le 12 décembre 1974. Ensuite, l'enregistrement d'un deuxième album cet hiver, suivi d'une grande tournée pour « Les Cinq Saisons », incluant un lancement synchronisé au nouvel album.

— Et, au niveau du budget ?

J'expliquai alors à ces gentlemen que les 3 membres les plus importants du groupe souhaitaient obtenir plus de contrôle créatif sur la production du deuxième album et un plus gros budget de production. Sujet délicat, puisque Bob Morten était assis à ma gauche.

---

[62] *C'est l'auteur qui traduit ici la discussion originale s'étant déroulée en anglais.*

C'est ici que la délicatesse entre en jeu, comme me l'avait appris mon expérience en radiodiffusion. Comment lui dire que les gars voulaient se produire, du genre : « donne-nous le cash, pis laisse-nous donc nous débrouiller avec ! » ? Certainement pas !

J'utilisai mes patins de fantaisie de l'ambassadeur ganté de blanc :

— Bob ! Nous apprécions tous le beau produit que tu as fait avec nous à Montréal, il y a maintenant 7 mois. Mais, mes boys sont entreprenants, débrouillards, exigeants et je l'avoue, légèrement dans la brume. Je ne sais pas si c'est par la force des choses, genre qu'on se tient trop souvent dans les auditoriums remplis de nuages de « grass », mais ma position devient de plus en plus brassée par les événements.

— Que veux-tu dire ? me demanda Bob poliment.

— Serge, Michel et Louis croient qu'ensemble, Concept-Québec et les Éditions/Productions Harmonium, nous possédons la capacité de gérer et administrer toute la création, et la production des bandes maîtresses des enregistrements sonores. Voilà !

Je ne partageais pas l'opinion de Serge, Michel et Louis. Je croyais que l'implication de Bob Morten était nécessaire et précieuse pour réaliser et produire ce nouveau disque. N'avions-nous pas une formule gagnante? Le succès du premier album le démontrait. Pourquoi changer l'équipe ? Bob Morten avait été parmi les premiers à croire au groupe et la qualité de son travail de réalisateur avait grandement aidé la production du premier album.

Mais si l'argent est le nerf de la guerre, la musique est celui du disque! Je leur demandai un budget de 25,000$ pour financer la production du deuxième album et le contrôle créatif total pour réaliser la pochette, les photos et les affiches. Les redevances et le terme de l'entente originale, signée avec Quality et Shediac Music, demeureraient les mêmes. Un budget de promotion allait aussi financer un lancement officiel, des milliers d'affiches et des centaines de dossiers de presse.

Vers la fin de ce meeting stratégique, au cours duquel nous échangèrent des idées concernant aussi le marketing et les territoires francophones étrangers, je glissai doucement à l'oreille de Bob Morten l'idée de me raccompagner à l'aéroport où tous les deux, seuls, nous pourrions parler d'un sujet plus délicat.

C'est au bar de l'aéroport que je lui confiai les détails de la situation tout en précisant à nouveau mon désaccord avec les trois principaux membres du groupe, et que je croyais préférable que Bob produise le nouvel album. J'ajoutai que j'allais faire tout mon possible pour convaincre le groupe. Après tout, ne lui devais-je pas une faveur?

Seaway hôtel

Jusqu'à présent, j'ai omis de vous raconter un détail important dans l'évolution de l'histoire du présent ouvrage. Cet épisode se situe un peu après le lancement du premier album et je dois dire que j'ai beaucoup hésité avant de vous le confier. Mon intention n'étant pas de détruire l'image du groupe, tout au contraire. Toutefois, pour que le lecteur puisse bien comprendre la situation inconfortable dans laquelle j'étais placé devant Bob Morten lors de la négociation du deuxième album à Toronto, je me dois ici de vous dévoiler certains faits. Avant tout, j'aimerais préciser que tout au long de ma carrière en tant que conseiller en Affaires de la musique[63], j'aurai à être témoin de scènes semblables dans toutes sortes de situations entre différents artistes et leur manager, producteur, maisons de disques, etc. *Plus ça change, plus c'est pareil !* Essayons donc de ne pas être trop durs avec les boys. Après tout, je crois avoir pris la bonne décision et avoir fait preuve de sagesse en suivant les conseils de mon ami Bob Morten.

J'avais accepté de le rencontrer après qu'il m'ait invité à le rejoindre à l'Hôtel Seaway à Montréal en

---

[63] *Yves Ladouceur, expert-conseil et académicien, est également l'auteur de trois Tomes sur les Affaires de la musique publiés avec les Éditions 12ᵉ Art Inc.*

soirée. Dans le *dining-room* de l'Hôtel, j'eus le choc de ma vie. Bob Morten entra dans le vif du sujet :

— Nous avons entendu des rumeurs très choquantes. Selon nos gens à Montréal, deux membres importants du groupe ont exigé une rencontre à la branche de Montréal. Ils veulent se débarrasser de toi. Ils ont dit douter de ton efficacité, du moins, c'est la raison qu'ils ont évoquée… Je veux que tu saches qu'à Toronto, nous pensons qu'ils commettent une grave erreur.

— Merci Bob de m'en informer. C'est effectivement très choquant et… terrible…

— D'abord je te rappelle que nous avons refusé leur offre et que nous sommes avec toi, car nous apprécions beaucoup le travail que tu as fait jusqu'ici. Si tu réagis agressivement, nous en souffrirons tous énormément.

— Alors, que dois-je faire? lui demandais-je, profondément blessé, mais conscient de l'enjeu professionnel de la situation.

— Gardons cet incident entre nous. Une alternative intelligente ici serait justement *de ne pas réagir*.

— Donc, tu proposes que je ne confronte pas les gars et de faire comme si rien ne s'était passé afin de sauvegarder les meilleurs intérêts de tous et chacun ?

— Exactement !

Bob ajouta qu'une décision en ce sens serait supportée par les gens de Quality en ma faveur.

Mais comment pouvais-je accepter de devenir un étranger à Harmonium, ou pire, de vivre avec un étranger en moi en jouant le jeu de celui qui ne sait pas ?

La nuit portant conseil, je rentrai chez moi. À mon réveil, ma décision était prise : Bob avait raison. Je passerais l'éponge.

Vous comprendrez mieux maintenant dans quelle situation inconfortable j'étais positionné lorsque vint le temps de négocier le deuxième album, en demandant à Quality - au nom du groupe - le contrôle créatif total qui excluait du coup la participation de Bob Morten en tant que réalisateur. J'ai cessé de compter les fois où j'ai vu cette situation se reproduire dans la vie. Mais que voulez-vous, il faut faire avec! Les affaires étant les affaires, les émotions passent en second!

***

58

La tournée de l'automne 1974

L'explosion populaire des acclamations… Des sentiments aussi variés et inexplicables que ceux surgissant de la vague créée par cette tournée annonçant les couleurs d'un deuxième album destiné à être publié en avril 1975.

Pas facile de ne pas se laisser égarer par les vifs tourbillons d'émotion des spectateurs! Un auditoire maintenant vaste, très réceptif et enthousiaste.

Rapidement, les gens bien informés des médias s'abreuvèrent de l'engouement du public. La stratégie de l'encerclement avait réussi, les dés étaient jetés. Notre traversée de l'échiquier nous avait conduits au cœur du Québec.

Cette deuxième tournée représente l'heureuse découverte par les spectateurs de deux nouvelles chansons[64] annonçant le style du deuxième album « Les Cinq Saisons ».

Ce fut une tournée intermédiaire avec principalement trois objectifs : satisfaire la demande des promoteurs de spectacles et du public, promouvoir les ventes du premier album, vérifier l'approbation du public quant à la nouvelle direction artistique, musicale et commerciale. De trio,

---

[64] « Vert » et « Dixie ».

Harmonium devient un quintette. Cinq musiciens dans un panorama multi-orchestral.

Le 5 octobre 1974 souligne le départ d'une tournée dont la durée sera de 10 semaines au cours desquelles 20 spectacles seront présentés, dont 10 en octobre et 10 autres du 13 novembre au 12 décembre 1974.

C'est au Centre Sportif Paul Sauvé qu'elle s'élancera et au Centre Sportif de Laval qu'elle se terminera. Certains concerts seront majestueusement enchanteurs, d'autres marqués par un tremblement de terre ou une émeute.

Partout, des salles débordantes, un « happening » à chaque événement, et une fin triomphale, dont le fameux concert quadriphonique au Centre Sportif de l'Université de Montréal avec 3500 spectateurs excités, survoltés ou complètement *planés*, le 12 décembre 1974.

À l'affiche il y avait aussi les concerts suivants : Auditorium du Centre Paroissial de Thedford-Mines le 10 octobre, le Collège Jean-Bréboeuf à Montréal le 15 octobre, l'auditorium du Cégep St-Jean[65] le 17 octobre, le Cinéma Granada[66] de Sherbrooke à minuit le 18 octobre, le Cégep de Joliette le 23 octobre, l'Auditorium le Plateau à Montréal le 25 octobre, l'Université McGill le 31 octobre.

---

[65] *Concert enregistré pour diffusion ultérieure sur CKVL-FM.*
[66] *Une émeute eut lieu avant le concert.*

Quatre concerts en banlieue de Montréal les 13, 16, 19 et 22 novembre 1974. Au Séminaire de Trois-Rivières pour 2 soirs, les 27 et 29 novembre, et au Palais Montcalm à Québec, le 30 novembre 1974.

***

59

L'Hôtel Wayagamak

Je vous en prie, ne vous laissez pas égarer par ce titre. Nous sommes après tout à Trois-Rivières, temple de la pyramide qui répand cette terrible odeur si typique des usines de pâte à papier.

Harmonium était attendu pour 2 soirs de concerts au Séminaire de Trois-Rivières, soit les 27 et 29 novembre 1974, et la gang à Clément Dubé, Jojo et ses frères tous des fans avaient décidé de faire de ce passage du groupe un événement dont se souviendrait longtemps la Mauricie.

Un seul problème, l'Hôtel qui m'avait été recommandé – par je ne sais plus qui – s'avéra un plongeon tout droit dans un étrange film d'histoire du Far West.

Cet hôtel, ayant à voir avec Bonaventure, était vieux au plus haut point : trois étages de vieux bois.

À l'Hôtel, vers 4 heures du matin, sur l'étage que j'avais réservée pour tous les membres de l'équipe, après le grand souper de victoire que j'avais organisé avec Clément pour le groupe, l'équipe de route et des fans sélectionnés, Jojo et moi ne pouvions pas dormir. Les gars et les copines étaient tous rentrés depuis quelques minutes, lorsqu'un bruit se fit entendre à la porte de ma chambre.

— Bon! Qu'essé qui s'passe encore?

Un jeune roadie se tenait au seuil de la porte et se grattait l'entre-deux, s'excusant, en me confiant ensuite que « ça lui piquait fort » vous savez où, et qu'il craignait d'attraper quelque chose dans son lit.

Puis, les uns après les autres sortirent de leurs chambres et se plantèrent debout dans le corridor à deux pas de ma porte. Tout le monde *badtripait* en même temps et se plaignait de l'endroit.

Une belle hippie aux paupières encore légèrement gonflées par les bienfaits de l'amour, s'écria soudainement :

— Serge a vu un fantôme!

— Ça va faire les amis!

Trêve de blabla, une décision s'imposait.

— Ok les boys, on *décalice* d'icitte!

J'appelai l'Hôtel Le Baron dont le chaleureux réceptionniste savait déjà que le concert d'hier soir avait été « too much ».

Miracle! Il avait 5 chambres de libres, genre « suite » les plus chères, là pour nous. Les chambres furent distribuées et quelques copines allaient devoir partager la même, les boys étant tous bien exténués.

Pierre Labonté, qui parlait peu souvent, remarqua la piscine au soleil levant. Il n'en fallut pas plus pour que toute l'équipe se ramasse au bord de la piscine aux alentours de midi pour le déjeuner, puisque c'était une belle journée pour cette période de l'année. Échanges de propos quant au vieil hôtel en bois hanté… Avions-nous tous rêvé?

***

60

Le Mellotron

Vous avez sans doute remarqué la différence de sonorité par rapport au premier album, grâce à un nouvel instrument que Serge Locat avait acquit : le Mellotron. Harmonium fut le premier groupe au Canada à l'utiliser. Locat dû le faire venir directement par bateau de Londres en Angleterre, et dû aller le chercher au port de New York.

En 1974, les seuls groupes sur la planète qui utilisaient le Mellotron étaient des groupes comme *Pink Floyd, The Moody Blues, Genesis, Gentle Giant, Yes* et à peine quelques autres. Or, tous ces groupes étaient britanniques et ils avaient un son très particulier. Harmonium voulait ce son.

Le Mellotron était un instrument très spécial et ne fonctionnait aucunement comme l'orgue ou le synthétiseur. Il fonctionnait sur le principe de cassettes, chacune des touches du clavier étant connectée à une cassette contenant l'enregistrement du son d'un enregistrement. Le résultat était fantastique et très chaud. Grâce à cet instrument, Harmonium fit un pas-de-géant dans sa créativité et la recherche de lui-même. Serge Locat compléta l'ensemble de ses instruments par l'utilisation d'un grand piano acoustique, d'un piano électrique, et d'un synthétiseur, le Mini-Moog. Ces nouveaux sons allaient ouvrir une nouvelle porte, celle des « Cinq saisons » et de « L'Heptade ».

***

61

Les Cinq Saisons

L e deuxième album « Les Cinq Saisons » fut enregistré sur une période de 3 mois. Une différence énorme par rapport au premier qui avait été fait en 6 jours ! « Les Cinq Saisons » furent enregistrées au Studio Six, à Montréal.

Avec cet album, Harmonium répondit à une vague de faveur populaire et proclama à ses 100,000 fans sa nouvelle identité artistique et musicale.

Les deux premières chansons de cet album, puisqu'elles avaient déjà été présentées à l'auditoire, permirent au groupe de mieux sentir et comprendre à quoi s'attendait le public.

Les spectateurs approuvaient les arrangements musicaux pour 5 musiciens dont bénéficiaient maintenant les chansons de l'album éponyme, et ils les chérirent longtemps, 25 ans, au moment d'écrire ce livre.

Les spectateurs furent prodigieusement influencés par la place accordée aux nouvelles instrumentations et à ce qu'elles apportaient, autant dans les premières chansons que dans les plus récentes, inédites, non encore publiées sur disques, dans certains cas. Elles allaient être testées progressivement devant les auditoires, autant dans les auditoriums que dans les forums.

62

Le « fantôme du Six »

Tout l'automne servit à écrire, composer et arranger les nouvelles chansons, entre deux concerts.

« Vert » et « Dixie » furent les premières chansons à être présentées devant public et sa réaction dépassa les plus belles espérances et les plus beaux scénarios. L'automne semblait s'y être gravé par la beauté de ses couleurs… De jour en jour entre les concerts naissaient « Depuis l'automne » et « En pleine face », qui ne seront présentées que plus tard.

« …Fais fondre ta glace ou ben change de place, c'est moi qui est tombé en pleine face… ».

J'avais loué pour les boys une salle de répétition agréable dans l'ouest du Vieux-Montréal. Au local, les 5 musiciens avaient développé la saine habitude d'apporter leur lunch. Chaque menu quotidien servait à apporter de l'humour et permettait de déconnecter – le temps d'une pause – du travail qui restait à faire. Cette habitude fut transportée au Studio Six lors des sessions « nocturnes ».

Une rumeur circulait parmi les artistes, musiciens, techniciens, réalisateurs et producteurs ayant eu à travailler à ce studio d'enregistrement localisé sur Saint-Antoine, à gauche du parking devant le nouveau Forum à Montréal, un peu à l'est de la rue La Montagne.

Cet édifice de brique – vieil immeuble commercial de trois étages – avait un ascenseur où parfois le « fantôme du 6 » prenait plaisir à venir taquiner les occupants pendant le trajet. Le genre d'ascenseur à proscrire à tous ceux qui souffrent de claustrophobie et de problèmes cardiaques.

La légende raconte que ce mystérieux homme à moitié visible traînait dans l'édifice depuis quelques décennies déjà. Une rumeur très sérieuse affirmait qu'il était l'un des premiers concierges de l'édifice.

Chose certaine, il était passionné de musique, particulièrement de celle d'Harmonium !

Michel Normandeau m'avait confié, par une nuit de février 1975, qu'il avait senti la présence du fantôme lors du solo d'accordéon dans la chanson « En plein face », après lequel le fantôme lui aurait soupiré qu'il *« était un vieux maniaque de l'accordéon »*.

Dans l'un des premiers mouvements de l'œuvre « Histoires sans paroles » – la cinquième saison – (5 :02 à 6 :07), on sent comme une présence mystérieuse imprimée dans les particules magnétiques de l'enregistrement sonore. Et bien, le fantôme était là aussi, m'a confié Serge lorsqu'il enregistrait un accompagnement de guitare.

Une autre nuit, Serge Locat eut une transe folle durant l'enregistrement du solo de piano Honky Tonk dans la chanson « Dixie ». Quand il eut terminé, Locat disparu pour deux heures et ne revint qu'à l'aurore pour nous avouer que le fantôme lui avait confié *avoir connu Mozart personnellement.*

Le jour où Pierre Daigneault vint à une session pour y enregistrer son fameux solo de saxophone soprano dans l'enregistrement final de la chanson « Vert »[67], il me fit également une confidence. Après être revenu nous rejoindre dans la régie, je l'accompagnai jusqu'à l'ascenseur et il me dit :

— Yves, tu sais, c'est bizarre ce qui m'est arrivé...

— Qu'est-ce que tu veux dire ?

— Je l'ai senti, je l'ai vu!

Quant à Judy Richards, la voix merveilleuse dans « Histoires sans paroles », elle ne m'avoua son expérience avec le fantôme que beaucoup plus tard, vers le mois d'août 1977[68], alors que nous étions dans la petite ville de Florence sur le bord d'une piscine, où elle était venue enregistrer « Taxi pour une nuit blanche ».

Lorsqu'elle se présenta au Studio Six, elle eut droit à un chaleureux accueil très cool de tous les boys. Nous l'avons invitée à s'asseoir dans la grande chaise capitonnée de cuir derrière la console d'enregistrement pour écouter « Histoires sans paroles » et lui indiquer le passage où elle devait

---

[67] *« Vert », solo de Pierre Daigneault à 3:04 min.*

[68] *Judy Richards fera partie plus tard du groupe « Toulouse » que je produirai à Montréal et au célèbre studio « Muscle Shoals Sound », en Alabama aux USA.*

intervenir en exécutant un solo vocal improvisé. Tout un défi que Judy releva avec brio[69]. Elle chanta comme un ange et fit une prise instantanée – un « one take » comme on dit dans le jargon.

À peine avait elle terminé sa performance que Peter Burns, le technicien du son, avait appuyé sur stop. Dans la régie, nous avions tous la gueule ouverte et les yeux lumineux!

Elle m'avouera plus tard, sur le bord de la piscine :

— Quand je repris mon souffle, cette présence était encore là quelque part autour de moi. J'étais seule dans cette grande pièce avec lui et il me souriait…

Malgré tout, je crois que la chanson préférée du fantôme du Six était « Dixie ». Une nuit, alors que je préparais un pot de café pour les boys, Serge Fiori m'avoua que, pendant son solo de cuillères, une ombre lui était apparue pour le féliciter personnellement!

Le fantôme du Six viendra hanter le grand « bal de la Cinquième Saison », sa valse préférée tout au long des sessions d'enregistrement. Il s'installera dans ce qui était devenu notre deuxième maison, et chacun des membres d'Harmonium sera hanté de sa mystérieuse présence.

---

[69] *L'intervention vocale de Judy se manifeste à 7:79 dans « Histoires sans paroles ».*

Pour ma part, je n'assistais qu'à la moitié des sessions et partais vers 3 h am, puisque j'avais à me lever tôt le lendemain pour prendre soin des affaires du groupe. Mais j'eus quand même l'occasion de sentir sa présence.

Encore aujourd'hui, lorsque j'écoute le solo de guitare génial que Fiori a fait dans la chanson « Depuis l'automne »[70], si représentatif de la mélancolie que je ressentis à la présence du fantôme du Six, je revois cette scène où il semblait se demander *pourquoi la musique était si triste?*.

***

---

[70] *« Depuis l'automne », solo de guitare de Serge Fiori à 4:00 min.*

63

Les lapins n'ont pas tous quatre pattes

Ceux qui connaissent la pochette du deuxième album « Les Cinq Saisons » ont sûrement dû se demander de quelle manière elle fut élaborée et pourquoi elle contient tant de papillons et de lapins. Et bien, cette oeuvre est celle de Louis-Pierre Bougie.

Vivant seul dans un logement situé au-dessus de celui de Serge Fiori à Outremont, Louis-Pierre avait trois passions : le vélo, le graphisme et les lapins. Il ressemblait d'ailleurs à un lapin car il avait toujours les yeux rouges.

Lorsque nous allions le visiter, il vivait parmi les lapins. Et à la vitesse que ces derniers se reproduisent, il y en avait partout : dans le salon, la cuisine, les corridors, bref ils envahissaient le 5 1/2. Il fallait faire très attention pour ne pas en écraser. Il avait un « look » assez particulier : il avait le crâne rasé et portait toujours une tuque, même en été. À force de vivre avec ses lapins, il leur ressemblait de plus en plus. Mais, c'était un homme brillant et bourré de talent. Nous l'avons donc choisi pour qu'il illustre la pochette du deuxième album.

Pour ce faire, il se présenta, à chacune des sessions d'enregistrement que nous avions au Studio

Six, avec ses toiles et ses pinceaux. Il passait la nuit avec nous, où Serge, Michel, Louis, Locat, Daigneault et moi tentions de lui expliquer nos visions respectives. Plus l'album avançait, plus il développait la pochette. Il tenta de représenter les sentiments soulevés par la musique des Cinq Saisons.

Les résultats furent fantastiques : à l'avant de la pochette, la toile représentait les 5 membres du groupe se détendant à la vue d'un paysage féerique, où autour d'eux, voltigeaient de magnifiques papillons mi-humains. Un arc-en-ciel traversait le ciel au-dessus des plantes géantes que côtoyaient des fleurs mi-humaines et de gigantesques lapins. Je crois d'ailleurs que Louis-Pierre se mérita un prix pour cette pochette.

***

64

La tournée des Cinq Saisons

Ouverture : 1er mars 1975. Grâce à une entente avec l'Association générale des étudiants de la Faculté des Arts de l'Université d'Ottawa, c'est le 1er mars que débutera la tournée au Centre National des Arts.

Suivront, les 3 et 5 mars, Saint-Hyacinthe et Joliette, puis un passage à Thetford-Mines le 7 mars 1975.

Thedford Mines

Un mystérieux phénomène se manifesta lors du concert du 7 mars 1975. Les musiciens et les spectateurs étaient dans une forme resplendissante. On sentait l'excitation dans le vieil auditorium du Centre Paroissial. La salle était pleine, l'assistance débordait de plaisir et de ravissements.

Depuis quelques mois déjà et à quelques reprises, nous avions remarqué d'étranges phénomènes qui survenaient durant la chanson « Un musicien parmi tant d'autres », la dernière du spectacle avant les rappels, particulièrement durant le passage de la finale « *Où est allé tout ce monde qui avait quelque chose à raconter…* ».

Était-ce causé par le défoulement collectif qui survenait toujours à ce moment-là chez l'ensemble des spectateurs ? Le fait est que tout l'édifice se mit à trembler soudainement alors que des centaines de spectateurs se tenaient debout, d'autres se tenant la main, la plupart chantant, criant ou tapant des mains et des pieds.

Personne ne savait ce qui se passait, mais tous l'ont senti très fort. C'était un tremblement de terre! Comme si un ovni s'était arrêté au-dessus de la foule.

Gatien et moi étions derrière la console de mixage, en plein milieu de la foule. On voyait la peur dans les yeux de plusieurs. Je fis signe aux musiciens de continuer. Les cris et battements de mains prirent fin rapidement, comme la chanson qui, entre-temps, s'était terminée.

Le grand tremblement était disparu avec les dernières mesures de la chanson à l'instant même du dernier accord de la finale. La foule, maintenant rassurée en redemanda encore et encore... Plusieurs rappels suivirent. Un concert époustouflant!

***

Retour au Lac Saint-Jean

L'*After-Shock* fut suivi du départ de nos camions continuant vers Québec pour ensuite franchir le Parc des Laurentides afin d'apporter tout l'équipement sonore, l'éclairage, les décors de scène et les instruments à Jonquière.

Rappelons que le groupe n'avait fait qu'une seule représentation au Lac Saint-Jean, soit à Roberval le 1er août 1974[71].

Ce retour va durer 3 jours, et 3 villes seront visitées : Jonquière le 8 mars 1975 à l'Auditorium François-Brassard – une coproduction de Concept-Québec avec la SNP[72] de Jacques Beaulieu et Bernard Fabi –; Chicoutimi le 9 mars à l'Auditorium Dufour – un placement de l'Agence APA[73] –; et Saint-Félicien le 10 mars 1975 à l'Auditorium de la Polyvalente Saint-Félicien.

Ainsi, en l'espace de 7 mois à peine, Harmonium avait visité 4 villes du Lac Saint-Jean et son prochain passage sera programmé au 31 mai 1975 avec Monsieur René Lévesque au Centre Georges-Vézina, une coproduction entre Concept-Québec et le Parti Québécois.

Très loin de nous le double du concert de la tempête de neige où seulement une centaine de

---

[71]   *Le double-spectacle avec Jean-Pierre Ferland.*
[72]   *SNP : La Société nouvelle de productions (Sherbrooke) Inc.*
[73]   *APA : Agence Alain Paré.*

spectateurs étaient présents et où les concerts étaient plus espacés.

Nos valeureux roadies devait emballer tout l'équipement de scène en plus d'aller le réinstaller à la Polyvalente Mgr.-Parent à Saint-Hubert pour le concert du lendemain 12 mars 1975. Normalement, les musiciens et moi serions restés derrière afin de célébrer cette victoire, mais nous décidâmes tous de les encourager en reprenant la route le soir même avec eux en direction de Montréal. Nous nous sommes éloignés dans la nuit en nous suivant à la queue leu leu, comme une longue caravane traversant le Parc des Laurentides.

Cette nuit-là, Jean Guilbeault, mon ami photographe engagé par Concept-Québec pour suivre la tournée et prendre des photos, et sa charmante et jolie copine voyageaient avec moi dans l'Oldsmobile.

Quel interminable et coloré voyage ! Nous arrivâmes à Outremont vers 11 h de la matinée du lendemain. Jojo, comme toujours, s'était bien occupé du bureau-maison. J'en profitai pour ramper dans les marches menant à mon lit, où je m'effondrai en disant merci.

Quelques heures plus tard, nous avions tous un air de famille avec Serge Fiori – genre les yeux *pochés ben durs*– au concert du 12 mars 1975 à Saint-Hubert, et encore plus le 13 mars à l'Auditorium de la Polyvalente A.-Norbert-Morin, un placement de APA à Mont-Rolland dans les Laurentides.

Pas beaucoup de temps pour se reposer. Alors prenez une grande respiration, la tournée 1975 « Les Cinq Saisons » ne fait que débuter.

Harmonium doit être le 14 mars au Cinéma Laurier, une coproduction avec Pro-Actuel à Victoriaville et le 15 mars 1975, au Centre Civique de Rimouski, une coproduction avec la SNP.

Heureusement, une journée de repos était prévue pour les boys. Sur le chemin du retour vers Montréal, une visite d'Harmonium à l'Auditorium de la Polyvalente Les Etchemins à Charny près de Québec, un placement de APA.

Enfin, quelques jours de congé jusqu'au 20 mars 1975, date du retour du Ménestrel à Toronto.

***

Old Dining Hall du Glendale College

Les Torontois réclamaient le groupe depuis des mois. Mon bureau était couvert de messages en provenance de Quality et de promoteurs de Toronto.

Retour des boys le lendemain pour un concert à Gatineau le 22 mars 1975, jour de tempête de glace alors que camions et voitures patinèrent entre Montréal et Gatineau pour que le public, patineur lui aussi, et qu'il puisse assister au concert à l'Auditorium de la Polyvalente de Gatineau.

***

Le Cégep Saint-Laurent

La crème de la crème. Un cégep avec un département d'études en musique très respecté. D'excellents musiciens y ont été formés. Ils sont tous là pour accueillir le groupe et assister à ses concerts des 1er et 2 avril 1975 et tous les billets des deux concerts ont été vendus.

Une production de Marc Durand[74] et de Concept-Québec, et un public de connaisseurs. C'est pourquoi les membres du groupe se surpasseront, particulièrement Pierre Daigneault et Serge Locat qui offriront aux nombreux musiciens composant l'assistance des envolées musicales exceptionnelles.

Saint-Laurent sera suivi par trois autres concerts d'importance majeure dans cette tournée.

Le lendemain 3 avril 1975 la tournée visite Granby et le groupe présentera son concert au Cinéma Palace, où une salle remplie à sa pleine capacité attend son arrivée.

***

---

[74] *Il deviendra par la suite le manager des groupes Etcetera, The Box...*

Une émeute à Sherbrooke

Au fur et à mesure que la tournée avançait, l'engouement du public pouvait parfois tourner au cauchemar.

Le concert avait lieu au Cinéma Granada, le vendredi soir 4 avril 1975 à minuit. Or, le Cinéma Granada était situé en plein cœur du centre-ville et le concert ne devait débuter qu'à minuit le soir. La foule s'était amassée au centre-ville, et comme bien des vendredis soir, plusieurs jeunes avaient consommé. La foule était dense et il était évident qu'elle était trop nombreuse pour la capacité de la salle. Non que la salle fut petite, mais nous avions l'impression que tout le Québec s'était donné rendez-vous au Cinéma Granada de Sherbrooke.

Ceux qui ne réussirent pas à obtenir des billets se mirent à défoncer les portes du cinéma. La police arriva sur les lieux pour calmer les manifestants.

Nous n'avions nul autre choix que de retarder le début du concert jusqu'à environ 1 h 30 du matin. Il ne se terminera qu'à 3 h 30 de la nuit. Le concert fut extraordinaire… pour ceux qui avaient eu des billets!

***

Cégep de Maisonneuve

Un phénomène semblable à celui du tremblement de terre à Thetford-Mines se manifesta le 5 avril 1975, cette foi au gymnase du Cégep de Maisonneuve où André Ménard[75], agent socioculturel, avait produit Harmonium.

Le plancher du gymnase, installé au-dessus d'une piscine, était en fait un genre de plafond suspendu sur « springs » qui se mit à bouger au rythme des spectateurs qui chantaient à tue-tête, tapaient des mains et des pieds.

André et moi, nous regardâmes en même temps. À présent, le plancher descendait et montait d'environ 6 pouces au rythme de la cadence des fans « *partis mais encore là* ».

Les cinq gars du groupe avaient tous tourné la tête vers nous au même instant. Je courus parler à André.

— Wow! J'capote, ça s'peut pas ! m'écriais-je.

— J'arrête pas le show, Yves !

— Ouais, pis si ça virait en émeute ?

À ce moment, Serge prit le micro et eut la rapidité d'esprit de tenter de calmer les ardeurs de la foule. Cela fonctionna. Heureusement, car Dieu sait ce qui aurait pu se produire si le plancher avait cédé!

---

[75] *André Ménard, en association avec Alain Simard, fonda plus tard le Festival de Jazz de Montréal, le plus célèbre festival de jazz au monde.*

***

Jusqu'ici, les efforts déployés en 1974 pour présenter le groupe dans les cinémas ont porté fruit. À titre d'exemple, citons les concerts suivants : Cinéma Granada à Sherbrooke, Cinéma Palace à Granby, Cinéma Capitol à Trois-Rivières, Cinéma Laurier à Victoriaville et le Cinéma Outremont à Montréal.

Alors que les engagements du groupe ont souvent eu lieu dans des polyvalentes, cégeps et universités – le milieu étudiant quoi –, la tournée intermédiaire à l'automne 1974 et celle des Cinq Saisons en 1975 permettront au groupe de se produire dans des salles beaucoup plus grandes, tels les centres sportifs, arénas et forums.

***

65

Le lancement des Cinq Saisons

Mardi, le 15 avril 1975, nous sommes maintenant tous plongés dans une *renaissance*. Au début du printemps, Harmonium avait donné naissance à son deuxième enfant et il était maintenant temps de le baptiser.

Ainsi vint le temps des récoltes et des « vents d'anges »[76] mi-humains et *éthériques*. La rue Prince-Arthur va se transformer en place publique servant, du moins lors du lancement de l'album « Les Cinq Saisons », de lieu de ralliement pour les leaders des gangs régionales d'Harmonium, l'ensemble des fans, la meute médiatique et les gentils hippies présents.

Je décidai de recouvrir à nouveau à la stratégie de l'effet surprise afin de bénéficier du *choc du retour* pour promouvoir l'album et le lancement officiel de la tournée 1975 « Les Cinq Saisons ».

Je proposai aux boys de faire comme nous avions fait au Nelson, immédiatement après la Place des Arts, en 1974. Un petit resto-café végétarien d'un ami sur Prince-Arthur fut suggéré par Serge. Nous allâmes le visiter. Il était si petit, qu'il en était presque parfait!

---

[76] *Jeu de mots de l'auteur pour « vendanges ».*

Le beau risque! Ce café ne peut contenir 50 personnes à peine alors qu'il y en aura près de 500 qui attendront dehors. Mystère et boule de gomme, les lapins seront finalement nombreux, les papillons aussi. La place publique de la rue Pince-Arthur deviendra un grand happening extérieur alors que le lancement aura lieu à l'intérieur!

Un véritable va-et-vient s'installera progressivement entre le petit resto-café – où les boys et moi accueillerons nos invités dont les gens de Quality Records de Toronto et Montréal, certains journalistes privilégiés tel Géo Giguère de Pop-Rock, quelques amis tel Clément Dubé, Jojo et les copines des boys, et évidemment, les 2 jeunes valeureux roadies–, et les gens qui attendent à l'extérieur.

À 17 h, victoire le party est parti! C'est la fête puisqu'il fait très beau dehors. Il va durer jusqu'au milieu de la soirée tandis qu'à l'intérieur, bouffe et breuvages se sont envolés. Une suite ininterrompue, une séance de photo continuelle, l'album qui est diffusé dans des moniteurs excellents.

La photo la plus représentative de cet événement sans pareil est celle qui apparaît au centre du livre lors de la remise des disques d'or et platine et où l'on voit les gars du groupe (le trio), des gens de Quality Records et moi.

Ce moment de répit et de fête ne sera que trop bref puisque la tournée doit reprendre sa route vers les foules et le Grand Théâtre de Québec pour 2 concerts, où les billets s'étaient envolés en un coup de vent – une coproduction de Concept-Québec avec la SNP.

Québec aura bien halluciné! La toute première fois à la Salle Résille de l'Université Laval, la seconde sur la Place Royale et la troisième fois au Palais Montcalm, et finalement à cette grande première des Cinq Saisons pour deux concerts prestigieux, où des milliers de fans enchantés et bien « harmoniumnisés » nous attendaient.

***

66

Un jeune homme surprenant

Durant la tournée de 1975 des « Cinq Saisons », Harmonium se produisit à Rouyn-Noranda le 10 mai 1975. Malgré nos deux albums sur le marché, c'était la première fois qu'Harmonium allait jouer en Abitibi.

Un jeune homme, mais vraiment tout jeune, du nom de Robert Drolet (Les Productions Pestak) m'avait appelé afin de nous proposer de venir se produire dans sa belle région. Finalement, nous prîmes rendez-vous et il se déplaça pour venir me rencontrer à mon bureau à Outremont.

Dès le moment où il franchit les portes de mon bureau, je compris immédiatement que j'avais devant moi un véritable fan d'Harmonium. Il était totalement convaincu qu'Harmonium devait se produire à Rouyn.

Son optimisme me toucha. Il y avait très peu de grandes salles de spectacles en Abitibi et la plus grande était le Forum à Rouyn- Noranda. Et c'est à cet endroit qu'il nous proposait de jouer. Je connaissais bien Rouyn-Noranda pour y avoir fait de la radio en 1968 pour Radio-Nord.

Je lui expliquai que la musique d'Harmonium était très acoustique et qu'il serait très difficile de contrôler l'écho d'une aussi grande salle. C'est alors que j'eus une idée. Je le défiai :

— Si tu es capable de me trouver suffisamment de parachutes pour couvrir tout le plafond de l'aréna du Forum de Rouyn, j'accepterai ton offre .

C'était la condition. J'ajoutai en plus qu'il fallait que les parachutes soient de différentes couleurs. Je posai un grand défi, mais il accepta.

Après son départ, j'eus une pointe de remords : j'y avais peut-être été un peu fort. Mais, ne me demandez pas comment il a fait, car il a réussi! L'effet était stupéfiant! Ce jeune était génial! Non seulement le plafond fut recouvert de parachutes multicolores, mais ils furent également disposés stratégiquement, en fonction de l'acoustique. De plus, il y avait des gros projecteurs illuminant le plafond de mille couleurs.

Lorsque Harmonium sortit de la loge afin de monter sur scène, quelle ne fut pas notre surprise de constater que nous étions littéralement entourés d'une cinquantaine de blousons de cuir aux effigies de groupes de motards. C'est alors que je compris que le jeune homme avait engagé ces gars pour assurer notre sécurité! Décidément, il était une véritable boîte à surprises. Ces messieurs devinrent les Anges d'Harmonium!

Mais les surprises n'allaient pas s'arrêter de si tôt. Au sortir du show, alors que mon jeune ami et moi avions toutes les recettes de la soirée et que nous nous apprêtions à aller chez lui pour les compter, quelle ne fut pas ma surprise de voir deux rangées de motos bien alignées qui attendaient pour nous escorter!

On ne passait pas inaperçu! J'ai eu droit à quelques regards en diagonales du personnel de l'Hôtel qui ne comprenait plus rien. Le lendemain matin, ils se présentèrent à nouveau à l'hôtel et nous escortèrent jusqu'à l'aéroport, dans un vacarme de boucane. Laissez-moi vous dire, qu'avec ce genre d'escorte qui vous suit en moto, personne n'a l'idée de vous causer des ennuis! Les gars étaient tous des fans d'Harmonium et nous ont traités avec beaucoup de respect et se sont conduits comme de vrais gentlemen.

Tout au long de notre retour à l'aéroport, Serge flippa littéralement. Il se mit à rêver tout haut et se voyait déjà en tournée dans chacune des villes où il passerait, accompagné d'une rangée de motos comme escorte pour assurer la sécurité des concerts et du transport. Mais cet unique événement n'allait jamais se reproduire.

J'avais mis en place toute une équipe de route. Nous avions pris l'habitude de louer une énorme van afin de transporter tout l'équipement, une autre pour la sonorisation et l'éclairage, tandis que l'équipement personnel des membres (guitares, etc.) était transporté dans une mini-fourgonnette.

Quant aux musiciens, ils voyageaient en voiture de luxe, comme par exemple : en Lincoln, en Chrysler, etc. Ils étaient toujours logés dans de

grands hôtels et avaient droit à la grande bouffe.
J'essayais de leur donner les meilleures conditions
de travail. Il nous fallait parfois aussi voyager en
avion, comme pour le concert de Rouyn-Noranda ou
le deuxième à Toronto, mais la plupart du temps
nous voyagions par les voies terrestres.

***

66

Le PQ vient chez moi

Au début de l'année 1975, je reçus un appel tout à fait inusité. Un membre important et futur député du Parti Québécois me contacta à mon bureau à Outremont, afin de prendre rendez-vous avec moi. Il me fit brièvement part de la raison de son appel : on nous proposait d'accompagner Monsieur René Lévesque lors d'une tournée prévue à l'été 1975. C'est ainsi que l'assistant de Monsieur Lévesque se présenta chez moi, afin de discuter des arrangements possibles. Monsieur Lévesque désirait qu'Harmonium l'accompagne dans le cadre d'une tournée provinciale et estivale, où il devait prononcer plusieurs discours dans de grands arénas à travers le Québec.

L'idée était un peu inopinée, mais pas tout à fait farfelue. À cette époque, le Parti Québécois n'avait pas encore réussi à prendre le pouvoir. Ce n'est que l'année suivante que le PQ fut élu pour la première fois, et qu'Harmonium allait jouer un grand rôle auprès des jeunes... votes! J'étais très emballé et très honoré qu'ils aient pensé à nous.

Concernant la politique, les membres étaient ouverts et réceptifs à l'immense charisme et à la saine influence des idées de Monsieur Lévesque. Harmonium s'élevait contre l'exploitation malhonnête et effrénée de nos ressources par les « intérêts étrangers ». Il est quand même paradoxal que la compagnie de disques Quality soit canadienne-anglaise, non ? La langue française était importante pour le groupe qui était devenu fortement nationaliste et supporteur de René Lévesque et du Parti Québécois. C'est donc avec joie que j'acceptai l'offre.

Je me souviens très bien de cet événement, en particulier le concert qui fut donné le 31 mai au Centre George Vézina au Lac St-Jean..

Ce soir-là, la foule était venue en grand nombre. Nous avions bénéficié du maximum des outils de production d'éclairage et de sonorisation qui pouvait se faire à l'époque. L'éclairage était merveilleux. La scène était immense et Harmonium faisait l'ouverture.

Le concert dura environ 1 heure et se termina avec la chanson « Où est allé tout ce monde ». La foule au complet se leva et se mit à chanter les paroles de la chanson tout en battant des mains au rythme de la musique. L'auditoire était gonflé à bloc. Rien qu'en repensant à ce moment, j'en ai encore des frissons.

Tout à coup, un membre du PQ entra en scène et cria: « Harmonium, mesdames et messieurs ! ».

Et, pour la deuxième fois, la foule au complet se leva. Il ajouta rapidement : « Et maintenant, voici le chef du Parti Québécois, Monsieur René Lévesque! ». Et la foule cria sa joie. C'était le délire. Monsieur Lévesque fit son entrée avec son éternelle cigarette au coin de la bouche et s'avança humblement et doucement sur la scène. Il prononça un magnifique discours et fut applaudi par la foule envoûtée qui en redemandait. Je n'ai pas oublié ces moments, comme d'autres, mais cette époque fut la plus vraie et la plus belle, selon moi, de toute la trop courte carrière d'Harmonium.

En été 1975, Harmonium avait déjà vendu près de 200 000 albums et au moment de sortir son deuxième, en avril 1975, il y avait déjà des pré-ventes de 50 000 albums pour « Les Cinq Saisons », donc l'album était déjà disque d'or avant sa sortie. C'était tout un succès. Le Parti Québécois a su saisir une belle opportunité et nous aussi.

Lorsque Monsieur Lévesque rencontra les membres en coulisse, il aborda son beau sourire, tout en penchant légèrement la tête, et leur serra la main en disant doucement et gentiment :

— Merci, merci beaucoup pour le Parti et merci pour le Québec...

***

66

Concert sur le Mont-Royal

P uisque je pourrais écrire un livre complet sur ce seul sujet, je me limiterai ici à l'essentiel.

Comment vous dire à quel point ce concert extérieur au Lac des Castors où un demi-million de Québécois s'étaient rassemblés pour célébrer le début de l'été avec Harmonium qui chante « Dis-moi c'est quoi ta toune… », m'aura marqué ? L'extase… le plus grand des rassemblements auquel il m'ait été donné d'assister. Un magnifique coucher de soleil au loin, une soirée chaude et étoilée. La nature et la majestuosité des grands arbres nous côtoient.

À nouveau les dés sont jetés, mais cette fois pour le début de la fin puisque sans m'en douter, ce sera le dernier concert que je produirai avec Harmonium. Nous aurons toutefois fini cette tournée 1975 en beauté ! L'été suivra, chacun partira de son côté pour des vacances bien méritées. Le retour sera brutal, du moins de mon côté…

***

67

Le début de la fin

J'avais l'habitude d'être toujours un peu en retard à mes rendez-vous, mais en cette journée d'août 1975, je ne pouvais tenir en place à l'idée d'annoncer à Serge Fiori l'étonnante proposition de Warner Canada, division de la très puissante Warner américaine, flambeau glorieux de la multinationale Warner/Elektra/Atlantic et de ses labels de disques indépendants et affiliés.

Pourtant, malgré ma hâte de porter la bonne nouvelle à Serge, la rencontre que j'avais eu la veille avec George Fiori-père à mon bureau-maison de l'avenue Outremont, m'avait bouleversée au point d'en perdre le sommeil. George Fiori m'avait alors confié son « ...désaccord avec ce qui se préparait...».

— Vous n'êtes pas d'accord avec quoi Georges, pourriez-vous être plus précis ?

— Je ne peux t'en dire plus pour l'instant. Pardonne-moi, mais c'est à Serge de t'expliquer...

Qu'avait-il donc à m'expliquer? Je pataugeais dans l'inconnu. Pourquoi m'avoir mit la puce à l'oreille? Était-ce vraiment pour exprimer, souligner son désaccord? Bref, beaucoup de questions me tourmentaient l'esprit et demeuraient sans réponses...

Georges Fiori avait toujours surveillé de près le développement de la carrière de Serge, l'appuyant et l'encourageant constamment. Son fils unique le consultait régulièrement. Leur profonde complicité était belle à voir. George conduisait son « band » à la célébration de plusieurs grands mariages italiens et Serge l'avait accompagné comme guitariste à plusieurs reprises... sans compter les « *gigues* » bavaroises en culottes courtes. George avait vu les efforts que j'avais déployés pour la carrière de son fils. N'avait-il pas assisté régulièrement à certains meetings alors que Serge, Michel, Louis et moi discutions musique, créatif ou affaires, entre 1972 et 1975 ?

Serge entra enfin au Laurier, me sourit de ses éternels yeux pochés et se commanda un café :

— J'ai toute une nouvelle à t'annoncer Serge ! Jacques Chénier[77] m'a remis cette copie télex provenant de Warner Canada; j'ai peine à le croire, regarde...

Serge saisit le document. Après consultations avec Warner USA à Los Angeles, M. Ken Middleton, président de Warner Canada résumait en une seule page, l'essentiel des termes d'une proposition contractuelle en or : trois albums en trois ans, dont 2

---

[77] *Jacques Chénier était alors le gérant de la branche québécoise de WEA.*

en français pour la francophonie internationale et 1 en anglais – le troisième – pour tester le marché américain et les territoires anglophones du monde; une avance de 200,000 $ plus 50,000 $ offerts en guise de « bonus », un partage égal à 50/50 de toutes les redevances pour les droits d'édition musicale et un pourcentage de redevances pour les ventes des disques beaucoup plus élevé que les standards habituels, soit 15% du prix de vente de chaque disque.

Le dessert consistait à nous accorder notre propre étiquette de disques, qui se joindrait aux labels affiliés à la puissante machine de marketing de Warner.

Je savais déjà que l'idée d'écrire et enregistrer un album en anglais ne serait pas facile à faire accepter à Serge Fiori. L'opinion des autres membres du groupe – Michel Normandeau, Louis Valois, Serge Locat et Pierre Daigneault – semblant peu importante à ses yeux, expliquait particulièrement le fait que seuls Serge et moi étions à ce rendez-vous spécial, les autres membres du groupe brillant de leur absence.

— Yves, je n'accepte pas ce contrat, jamais je n'accepterai d'écrire en anglais.

— Serge, il ne faut pas être victime de l'image que nous avons créée. Soyons plus logiques, as-tu oublié que c'est moi qui vous ai demandé à Michel et toi de chanter en français, il y a trois ans? Warner n'exige pas qu'Harmonium travaille désormais en anglais. Laisse-moi plutôt te parler de la nouvelle stratégie que j'ai imaginé pour la carrière du groupe. Je crois sincèrement que le temps est arrivé pour Harmonium de porter sa musique hors du Québec, plus loin que le Canada anglais, vers le monde ! :

— Jacques Chénier et Ken Middleton m'ont confirmé que seul, le troisième album au contrat, pourrait être en anglais et servir à tester le marché mondial. Les exécutifs de Warner sont convaincus qu'Harmonium est de la trempe de Genesis ou Supertramp.

— Les deux premiers albums français seraient distribués dans les pays francophones du monde, par une machine de marketing sans pareille. Ils nous offrent 250,000$ pour financer la production des 3 prochains albums, ce qui représente une très bonne avance. N'oublie pas que Quality/ Celebration n'ont injecté que 25,000$ dans la production des Cinq Saisons et moins de 10,000 $ dans celle du premier album d'Harmonium. Quality a fait une fortune avec ces 2 investissements, on s'en va double platine pour les 2 albums. J'ai tout négocié, crois-moi, du jamais vu pour un groupe du Québec, c'est un super deal!

Le feu dans les yeux, le regard hagard scrutant tout autour, aveuglé par la lumière des étoiles sur son bouclier d'or et de bronze, l'ego déploya ses ailes, affamé de pouvoir, magnétisé par la gloire :

— Yves, pendant nos vacances on a décidé qu'on allait te remplacer : t'es pas assez efficace. On aurait pu faire ben plus d'argent si tu avais mieux administré! On a juste été chanceux depuis le début...

Connaissant son humour qui pouvait être parfois très acéré, je pouffai de rire... Il fallait bien connaître Serge avant de réagir et de décoder son discours.

— C'est une très bonne blague, Serge...!

— Hey man... si j'étais toé, je prendrais çà ben au sérieux..

Avait-il déjà oublié la petite boîte jaune contenant l'enregistrement sonore de Little Lady of Mine, réalisé en janvier 1971?

Nos yeux se synchronisèrent. Les premières émeutes, Harmonium au Patriote avec Félix, en concert avec le parti québécois et Monsieur Lévesque, le Centre Sportif de l'Université de Montréal, la Place des Nations avec Jose Feliciano, nos incursions en terre torontoise, la semaine au Nelson à guichets fermés, le concert à la PDA au Théâtre Port-Royal, au Grand Théâtre de Québec, dans les plus beaux auditoriums du Québec, d'Ottawa et Toronto, le célèbre concert du 21 juin 1975 où 500,000 québécois s'étaient rassemblés sur le Mont-Royal pour entendre Harmonium *live* en concert...

S'était-il laissé aveugler à ce point par l'argent, la gloire et le pouvoir de magnétiser les foules ?

Depuis le tout début de notre association, j'étais hanté par l'entente verbale – qu'il n'avait jamais voulu honorer sur papier – acceptée mais repoussée et finalement contestée alors que tout avançait à une vitesse folle et étourdissante.

— Hey Serge, sais-tu ce qui n'est pas réaliste dans ton histoire? On ne s'attaque pas à un immense territoire étranger sans au moins parler sa langue. T'auras jamais les US ou l'Angleterre en chantant en français. C'est malheureux, mais c'est ça la réalité ! Tu fais d'la musique ou de la politique ?

— J'fais les deux !

— OK ! Mais, y'a d'la place entre les deux. Tu oublies que les deux premiers albums seront français. Pense bien, réfléchis fort à l'offre de Warner, essaie d'être réaliste et appelle-moi. J'attendrai ta réponse.

Commander un autre café n'aurait été que d'étirer l'élasticité du temps. Je quittai la table.

Comment en étions-nous arrivés à une telle impasse? Pourquoi un tel précipice entre nous? Après deux albums multi-platine, deux grandes tournées provinciales et quelques excursions en terre « canadienne-anglaise », et ce, en moins de 3 ans, voilà que le leader – la « voix » d'Harmonium – m'annonçait que je n'avais jamais rien fait pour le groupe et que je n'avais pas été un manager et un producteur compétent !

Je ressortis du restaurant profondément ébranlé. Malgré que j'aie vu Serge changer, tout comme chacun des membres du groupe capturés dans le tourbillon, l'évolution rapide et le succès fulgurant de leur carrière en l'espace de trois ans, je réalisai que pour Serge la politique et la musique[78] semblaient désormais indissociables. Il était victime du magnétisme de l'image du groupe dont il était la voix et la représentation visuelle vivante.

C'était le début de la fin. L'équilibre n'étant plus là dans les profondeurs de l'âme collective d'Harmonium, il s'élevait une vibration dont les ondes furent ressenties par chacun des membres. En l'espace d'une trop courte rencontre, la grande complicité entre Serge, Michel, Louis et moi avait soudainement disparue.

Serge refusa l'offre de Warner, affirmant que sa décision traduisait celle des quatre autres membres, et refusa par le fait même de renouveler l'entente originale de gestion et production conclue entre le groupe original de 1973 – Fiori, Normandeau, Valois – et Concept-Québec.

Confronté soudainement à une réalité totalement inattendue, une terrible confusion vint creuser un précipice entre nous.

---

[78] *Voir la section : « Le PQ vient chez moi ».*

En plein désarroi, je retournai chez moi au 622 de l'avenue Outremont à quelques portes de chez Serge et tout près de la cour d'école de la rue Lajoie, là où nous avions enregistré les voix des enfants dans la cour de récréation et que l'on retrouve dans l'intro de la chanson « Aujourd'hui, je dis bonjour à la vie[79] ».

À ma stupéfaction, cette rencontre impromptue, sans que les quatre autres membres d'Harmonium y soient présents, marquait la fin d'une belle et grande aventure entre Harmonium et moi.

Les autres

Deux jours plus tard, alors que Normandeau arrivait tout juste de ses vacances en Californie, ce dernier flottait encore sur la vague. Je n'appris rien de nouveau.

J'appelai Louis Valois revenu de ses vacances de France. Nous fixâmes une rencontre au Parc pour le lendemain en après-midi. J'appris qu'il lui semblait que certaines choses s'étaient passées lors de mon absence, mais sans plus.

J'appelai Pierre Daigneault, mais il avait été tenu dans l'ignorance, idem pour Serge Locat.

---

[79] *Dans l'introduction de la chanson «Aujourd'hui, je dis bonjour à la vie » on y entend un enfant nous demander : « Hey! Qu'est-ce que vous faites? », au moment où on enregistrait les bruits ambiants.*

— Pourquoi ne partirions-nous pas en camping, tous les deux. Cela te donnera le temps de réfléchir, loin d'Outremont, d'Harmonium et de tous ces problèmes.

— Non Jojo... ce n'est pas de partir qui aidera à démêler cette histoire bizarre... Et l'argent...

— Justement, nous avons toujours la balance, toutes dépenses payées, des revenus de la dernière tournée que nous avons produite et administrée, tes commissions accumulées sont incluses. En plus, quelques chèques d'édition et de redevances pour ventes de disques. Yves, tu as les moyens de relaxer pour mieux réfléchir. Les événements attendront. Partons, pas trop loin, tous les deux.

Jojo et moi fixâmes notre choix sur le parc d'Oka. L'automne dans la région des Deux Montagnes avait revêtu ses couleurs d'Été indien. Soirées occupés à contempler les étoiles, bien nichés auprès du feu de camp. La grande « médite »...

Après quelques jours, victuailles obligent, un petit tour au village. J'en profitai pour appeler à mon bureau et au centre de messages de Concept-Québec. Serge avait laissé un message. Il était prêt à me rencontrer pour m'expliquer davantage.

***

68

Le deal

Voici plus en détail la proposition dont je fis part à Serge Fiori en ce triste jour de septembre 1975: dans un premier temps, c'était un contrat d'une durée de 2 ans, parce qu'à l'époque, je préconisais et je préconise toujours que les artistes doivent toujours signer des contrats dont le terme est de courte durée. Plus particulièrement lorsque c'est un contrat entre un artiste et une maison de disques.

J'avais réussi à négocier directement avec le président, Monsieur Phil Rose – un ancien québécois – promu à la maison mère de WEA, située sur la côte ouest des États-Unis à Los Angeles. Monsieur Rose m'avait proposé 3 albums en 2 ans, dont le dernier devait être un album de langue anglaise.

Jacques Chénier, directeur général de la branche québécoise de Warner Canada m'avait confié que les exécutifs de la Warner canadienne et américaine étaient convaincus qu'Harmonium avait tout ce qu'il fallait pour devenir un grand groupe international et que, pour ce faire, il fallait enregistrer un album anglais – dans la langue internationale – pour communiquer et se faire comprendre. Bref, Warner US voyaient ce groupe-phare comme étant le prochain Supertramp québécois.

WEA Communication Inc. (Warner Electra Atlantic Asylum), la compagnie qui se nomme aujourd'hui WARNER, avait avec elle des artistes de renommée internationale dont entre autres : les *Rolling Stone, Supertramp, Genesis, Yes, Crosby Stills Nash & Young, America, The Eagles, The Doobie Brothers, Carly Simon, Carole King et James Taylor*, pour n'en nommer que quelques-uns.

Deuxièmement, WEA nous offrait, ou plutôt m'avait offert afin que je le propose à mon tour à Harmonium dont je gérais totalement la carrière, notre propre étiquette de disques, notre propre label.

Pour le bénéfice des plus jeunes lecteurs, il faut savoir que dans l'industrie de la musique au Québec en 1975, les groupes québécois ne se voyaient jamais offrir leur propre étiquette de disques, encore moins par une grande multinationale américaine.

Troisièmement, nous gardions le contrôle créatif TOTAL. C'est-à-dire que l'on pouvait produire nos 3 albums dans nos propres studios ou, du moins, dans les studios de notre choix et ce, n'importe où dans le monde, sans que nous soit imposé un « producteur délégué » (un producteur-maison travaillant à salaire sur une base annuelle chez WEA à Los Angeles) qui viendrait surveiller et contrôler la production. C'était le signe qu'ils nous faisaient totalement confiance. Mais, ils savaient aussi que j'étais là et que je m'occuperais de gérer la production des 3 albums. Ma *moyenne au bâton* était bonne, puisque les deux premiers albums avec

Quality Records s'étaient avérés des multi-platines, ce qui avait penché dans la balance.

Quatrièmement, un fait surprenant : j'avais réussi à conserver 75 % des droits d'édition, donc une part majoritaire de ce qu'on appelle la part « éditoriale » pour chacune des chansons à être enregistrée sur les 3 albums.

En 1975, il était très rare que les artistes du Québec réussissent à conserver une partie de leurs droits d'édition. Tout au contraire, ils étaient obligés de céder entièrement les droits d'édition à la compagnie de disques. Vous n'avez qu'à prendre l'exemple de Beau Dommage, qui ont connu de multiples problèmes avec la maison de disques sous l'étiquette avec laquelle ils ont fait 5 premiers albums. Ce dont je me souviens à l'époque et d'après ce que j'ai lu dans les journaux, ce fut l'une des raisons de la fin de leur groupe : un mauvais contrat, un contrat inéquitable. Alors qu'ici, c'était loin d'être le cas avec Harmonium.

De plus, les redevances à être payées à Harmonium étaient très élevées (en l'occurrence, 15%) et au-dessus de la moyenne. Pour les néophytes, les redevances sont payées sous forme de % appliqué sur le prix de détail suggéré pour chaque unité de disque vendue. J'avais réussi ce coup de maître parce nous avions déjà des redevances très élevées dans le premier contrat que j'avais négocié et signé avec Quality Records (le 6 décembre 1973). C'était donc le genre d'offre *irrefusable*, celle que l'on ne peut pas se permettre de refuser tant les conditions étaient avantageuses pour l'artiste.

Enfin, il était question également de 250 000 $ US, dont 50 000 $ d'avance étaient payables comptant. J'étais donc très excité à l'idée d'annoncer cette proposition au groupe. C'est du moins comment je me sentais lorsque je suis parti de Los Angeles après avoir rencontré le président du Head Office de WEA. Parce qu'il faut savoir que ce genre de deal était un précédent dans l'industrie du disque au Québec. Jamais un groupe du Québec ne s'était vu offrir un contrat par le head office d'une multinationale américaine. Bien sûr, il y avait eu au Canada les *Guess Who* qui sont devenus très célèbres, qui eux travaillaient déjà avec une multinationale, mais c'était un groupe canadien anglais, et dans le cas des groupes québécois, il était rare qu'ils signent avec la branche de la division canadienne d'une multinationale étrangère. Exemple : Beau Dommage avait signé avec la branche du bureau installé à Montréal de la compagnie Capitol Records, Capitol Amérique, appartenant au grand groupe EMI de Londres. Donc, Beau Dommage n'avait pas signé son contrat à Londres ni à New York ni à Los Angeles, ils l'ont signé à Montréal. C'était ça la pratique coutumière de l'époque, mais encore une fois, ce n'était pas ce qui était proposé à Harmonium.

Lorsque j'ai fait part de cette proposition de WEA à Serge Fiori, je m'attendais un peu à ce qu'il saute de joie, mais ce fut tout le contraire. Il a donc refusé sous prétexte qu'il ne chanterait jamais en anglais. J'en ris aujourd'hui, lorsque je pense à la première fois qu'il s'était présenté à mon bureau avec son démo anglophone et que c'est moi qui l'ai, par la suite, persuadé de chanter en français. Pour ce qui est du reste de la proposition, il serait faux de dire qu'il ne la trouvait pas intéressante, puisque n'importe quel artiste du disque avec un minimum de connaissance des pratiques standards de l'industrie du disque de l'époque des années mi-70 aurait vu bien clairement que c'était une offre extraordinaire, fabuleuse, tout en étant bien réelle. J'avais demandé à WEA, afin de confondre les sceptiques, de mettre par écrit cette proposition afin de la montrer au groupe tant elle était extraordinaire.

***

69

Mot de la fin

Les années ont passé, et les gens ont toujours voulu savoir pourquoi le groupe s'était éteint. Encore aujourd'hui, je suis constamment questionné sur la carrière du groupe et sur ses membres, car peu d'informations ont circulé sur eux. Plus que tous les autres membres du groupe, Serge Fiori tenait beaucoup à sa vie privé, son intimité, et j'espère ici l'avoir respectée.

L'image d'Harmonium avait été érigée sur le principe qu'il fallait garder un certain mystère autour du groupe. Les vingt-cinq dernières années qui suivirent la dernière rencontre entre Serge et moi au Laurier à l'aurore de l'automne 1975, m'ont clairement démontré que la « légende Harmonium » est bien réelle, bien vivante et qu'elle existe, imprégnée au plus profond d'une époque unique, ouvrant une ère nouvelle pour le Québec. Le peuple québécois avait alors vraiment le vent dans les voiles. Tout comme Monsieur René Lévesque, toute une génération vibrait à la dimension d'une musique nouvelle et parfaitement compatible avec les conditions sociales, économiques, culturelles et politiques de l'époque.

De voir l'engouement du grand public de l'an 2000 pour tout ce que représente Harmonium et sa musique, d'avoir vu pendant douze ans une majorité de mes étudiants écouter avec ravissement les réponses que je donnais suite à leurs nombreuses et continuelles questions, et tous les jeunes adultes d'aujourd'hui, dont Pastelle ma fille et ceux de sa génération, pas encore nés en 1974, ayant ce même regard et cette lumière dans les yeux quand ils écoutent ou me parlent du groupe Harmonium, j'ai l'impression que nos disques et tournées de concerts ont eu lieu hier.

Les chansons d'Harmonium ont traversé le temps en beauté. À mes oreilles, elles sont toujours aussi fraîches, originales et uniques. L'âme de sa musique est éternelle. C'est bien pour cela, pour ce quelque chose qui n'est plus, tout en étant toujours, et qui se transmet de génération en génération, pour tous les fans et complices d'une époque légendaire du Québec, que je me suis dit que parmi toutes les histoires, celle de musiciens parmi tant d'autres offrant une musique pour tous nous autres devait être racontée.

Quant à moi, j'ai suivi ma voie et je suis allé produire aux États-Unis. Plutôt que de s'appeler HARMONIUM, une nouvelle compagnie de disques du Québec s'est appelée « Magique », mais ça, ç'est une toute autre histoire que peut-être un jour je vous raconterai…

***

Remerciements

Merci à vous tous qui avez encouragé le déploiement de la carrière du groupe Harmonium et partagé une musique aujourd'hui gravée dans l'espace et le temps, encore après 25 ans. Tous ceux qui un jour ont eu à côtoyer les personnages de ce livre se reconnaîtront. Merci à Paul Titetolman.

À Suzanne, éditrice et proche collaboratrice dans l'écriture, la conception et la mise en page, pour ses judicieuses suggestions, nos longues conversations relatives à la vérité et la légende, pour son support moral et sa gentillesse.

À mes parents qui m'ont toujours encouragé. À Michel Gill, gentil conseiller et ami, qui a cru autant, sinon plus fort que moi en ce livre. À Isabelle pour son aide apporté à la correction.

Aux centaines d'étudiants qui, pendant 12 ans, m'ont rappelé, qu'un jour, il faudrait bien que je l'écrive cette fameuse histoire!

Pour vous dire merci, je vous livre aujourd'hui cet ouvrage que vous m'avez tous tant réclamé. J'espère qu'il saura vous divertir, mais surtout vous rapprocher un peu plus de cette légende jamais démystifiée...

***

Annexe 1 –
Tournées 1974 - 1975
(Extraits provenant des contrats de spectacles de la collection personnelle de l'auteur)

Tournée 1974

28 février 1974
Pavillon Pollack, salle Résille /
Le service des loisirs socio-
culturels de l'Université Laval

8 et 9 mars 1974
Auditorium Lafontaine / Service
Animation socio-culturelle de
l'UQAM / Montréal

18 avril 1974
Auditorium André Prévost /
Polyvalente de St-Jérôme

18 et 19 avril 1974
Hôtel Le Manoir /
Drummondville

Avril 1974
Cégep de Valleyfield

3 mai et 1er juin 1974
Auditorium du Pavillon Trois
/Collège de Sherbrooke

9 mai 1974
Polyvalente André-Laurendeau /
St-Hubert

10 mai 1974
Auditorium Jean XXIII /
Dorval

21 juillet 1974
Astrolab Ottawa

1er août 1974
Centre sportif Benoît Lévesque /
Roberval

5 octobre 1974
Centre Sportif Paul Sauvé /
Montréal

10 octobre 1974
Centre Paroissial / Thedford
Mines

15 octobre 1974
Collège Jean-de-Bréboeuf
Montréal

17 octobre 1974
Auditorium Cégep St-Jean St-
Jean d'Iberbille

18 octobre 1974
Cinéma Granada / Sherbrooke

23 octobre 1974
Salle académique / Cégep de
Joliette

25 octobre 1974
Auditorium Le Plateau /
Montréal

30 octobre 1974
Auditorium École St-Maxime /
Chomedey-Laval

31 octobre 1974
Salle Union Ballroom /
l'Université McGill / Montréal

13 novembre 1974
Salle Désilet / Collège Marie-
Victorin / Montréal

16 novembre 1974
Salle Auditorium Campus de
Pont-Viau

19 novembre 1974
Polyvalente St-Henri / St-Henri

22 novembre 1974
Auditorium Cégep Lionel-
Groulx / Ste-Thérèse

27 et 29 novembre 1974
Auditorium du Séminaire de
Trois-Rivières

30 novembre 1974
Palais Montcalm / Québec

7 décembre 1974
Centre Sportif Université de
Montréal

12 décembre 1974
Gymnase Centre sportif Laval
/ St-Vincent-de-Paul

Tournée 1975

1ᵉʳ février 1975
Cinéma Outremont

1ᵉʳ mars 1975
Auditorium du théâtre Centre
National des Arts / Faculté des
Arts / Université d'Ottawa

3 mars 1975
Auditorium Institut de
technologie agricole / St-
Hyacinthe

5 mars 1975
Auditorium Cégep de Joliette

7 mars 1975
Centre Paroissial de
Thetford-Mines

8 mars 1975
Salle François Brassard /
Jonquière

9 mars 1975
Auditorium Dufour /
Chicoutimi

10 mars 1975
Auditorium Polyvalente de
St-Félicien

13 mars 1975
Polyvalente A. Norbert Morin /
Mont-Rolland

12 mars 1975
Polyvalente Mgr. Parent /
St-Hubert

14 mars 1975
Cinéma Laurier / Victoriaville

15 mars 1975
Centre Civique de Rimouski

17 mars 1975
Auditorium Polyvalente Les
Etchemins / Charny

20 mars 1975
Old dining Hall /Glendale
College / York University /
Toronto

22 mars 1975
Auditorium Polyvalente de
Gatineau

25 mars 1975
Auditorium Polyvalente
Pierrefonds

27 mars 1975
Auditorium Polyvalente La
Magdelaine / La Prairie

28 mars 1975
Polyvalente Euclide Théberge /
Marieville

29 mars 1975
Polyvalente Curé Antoine
Labelle / Ste-Rose

1ᵉʳ et 2 avril 1975
Auditorium Cégep St-Laurent /
Ville St-Laurent

3 avril 1975
Cinéma Palace / Granby

4 avril 1975
Cinéma Granada / Sherbrooke

5 avril 1975
Cégep Maisonneuve / Montréal

9 avril 1975
Auditorium Cégep Édouard-
Montpetit / Longueuil

11 avril 1975
Auditorium Polyvalente Serge
Vanier / OXFAM Québec /
Montréal

14 avril 1975
Auditorium Cégep de
Shawinigan

16 et 18 avril 1975
Grand Théâtre de Québec

17 avril 1975
Cinéma Capitol / Trois-Rivières

18 avril 1975
Auditorium Cégep de St-Jérôme

du 22 au 27 avril 1975
Hôtel Nelson / Vieux-Montréal

1er mai 1975
Auditorium Polyvalente
Jean Baptiste Meilleur /
Repentigny

2 mai 1975
Auditorium Cégep de St-Jean

3 mai 1975
Auditorium Le Plateau /
Montréal

4 mai 1975
Centre culturel /
Drummondville

10 mai 1975
Forum Rouyn-Noranda

31 mai 1975
Centre Georges-Vézina/ Parti
Québécois

21 juin 1975
Montagne du Mont-Royal /
Le Comité des fêtes nationales
de la Saint-Jean / Montréal